悪条件サロンでも年商1000万円を実現する経営のルール

アトラパス株式会社代表取締役
岩山ひろみ

合同フォレスト

はじめに

あなたのサロン経営は今、どのような状況でしょうか。

・これからサロンを始めたいと思っている
・サロンを経営しているけれど、なかなかお客様が来店されず苦しい
・今も悪くはないが、もっと売上を伸ばしたい……など

どれに当てはまるとしても、あなたはきっと、ご自身のサロン経営をもっと良いものにしたい、理想のお客様に囲まれて充実した毎日を送りたいと願って本書を手に取られたのだと思います。その願いを実現するためのお手伝いができたなら、これほど嬉しいことはありません。

私は、サロン勤務経験ゼロの専業主婦でしたが、突然耳つぼダイエットのサロンを自宅で始めました。
当時の自宅サロンは、

・**最寄り駅から徒歩25分**
・**築30年以上の古びた団地**（管理組合から許可を得てサロンを営業）
・**エレベーターなしの5階**

という、誰が見ても「悪条件」そのもの。
団地でサロンをしていた、というと「本当に団地でだったのですか？」と驚かれることがありますが、本当です。夫が結婚前に購入したものでした。以前、私が運営するサロン経営塾の生徒さんとGoogleのストリートビューで団地の画像を一緒に見ながら「ここでサロンを開いていたんですよ」と話したら、とても驚かれました。

加えて、最初からうまくいったわけではありません。オープン当初の月の売上

（月商）は７０００円。でも、当時はそれでも良かったのです。自分が提供したいサービスでお金をいただけることが嬉しかったですし、こんな場所に来てくれたことがありがたかったから。もっともっと多くの女性たちに届けたい、と思いは溢れるばかりでした。

それなのに、サロンのオープンから2年以上経っても、月商はまだ10万円以下のまま。「これじゃサロンを経営しています」なんて胸を張って言えません。お客様に来てほしい気持ちと同時に、「サロンワークが仕事です！」と言えるくらいの自信を持ちたいと思うようになりました。

これが、私がサロンをビジネスとして捉えた瞬間でした。

私は元ＯＬなので、サロン勤務経験はありませんし、人脈もコネも、さらにはセミナー三昧で貯蓄を使い果たしたのでお金もありませんでした。サロンの内装にお金をかけることもできず、ＤＩＹで手作りをしました。そこからスタートしています。

それでも、この団地サロンで、半年の予約待ちになり、月商１００万円、年商

1000万円を売り上げ続け、サロンオープンから3年後、他に2店舗をオープンし、4年後にはスタッフ7名を雇用するまでになりました。すべては団地の一室から始まったのです。環境や状況は、集客できない理由にならないことを私自身が証明できたと思っています。

その後、サロン経営のスクールを立ち上げ、多くの個人サロン経営者に「悪条件でもうまくいくメソッド」を伝えたところ、私の団地サロンを超えるような悪条件のサロンでも、次々と月商100万円を超え続けるサロンに成長していきました。

売れるサロンにはルールがあります。私が成功できたのは、そのルールを数え切れないほどの試行錯誤を繰り返して見つけ出したからです。そして、ルールさえ知ることができて、行動する方法が分かれば、条件なんて関係ないことを多くのサロン経営者が経験してきました。

あなたにも、本書を通してそのルールを伝えたいと思います。

サロンと一言で言っても、エステやネイルなどの美容系サロンから、マッサージやリラクゼーションなどの癒し系サロンのほか、お稽古《けいこ》サロンやブライダルサロン、オンラインサロン、子育てサロンまで様々あります。本書では、その中でも主に美容系や癒し系サロン経営者に役立つメソッドをお伝えしています。

私や、他の多くのサロン経営者にできたのですから、あなたにも必ずできます。予約でいっぱいになるサロンを作るために必要なのは、「ルールを知ること」と「行動し続けること」だけです。

どうぞ、本書を手に取って終わりではなく、行動を起こしてください。そして、それを続けてください。必ず、変化が現れるはずです。

CONTENTS

Chapter 2

ホームページなしでもブログとSNSで集客は最大化できる

CONTENTS

Chapter 3

初回来店の接客がリピートを左右する

Chapter 4

くつろぎと信頼を与えるインテリアと身だしなみ

Chapter 5

自分もサロンも成長し続けるためのマインドとアクション

CONTENTS

Chapter 6

悪条件でも成功できた私たちのビフォーアフター

Prologue

あなたの悩みは「悪条件」が原因ではない

1 それ、本当に悪条件ですか？

お客様が全然来てくれないと悩んでいるサロン経営者の多くは、立地や環境などに問題があり、その「悪条件」が原因だと思い込んでいます。

- **住宅街だから**
- **駅から10分以上歩くから**
- **自宅の一室だから……など。**

これらは本当に「悪条件」なのでしょうか。

駅前のビルにテナントとして出店すれば、簡単に集客できるのでしょうか。

答えはノーです。

私が最初に開いた耳つぼダイエットの自宅サロンは、最寄駅から徒歩25分以上の団地の一室でした。

その団地サロンで月商100万円を超えるようになった後に出店したのが、横浜駅東口から徒歩4分と、横浜駅西口から徒歩6分という、それぞれ駅近の物件。

横浜駅といえば、一日の平均乗客数が日本第4位の約42万人（JR東日本HPより）という巨大ターミナル。これだけ見ると「すごーく集客が楽そう！」と思われがちですが、当時の私は逆に焦りを感じました。

なぜなら、団地時代の私がターゲットとしていた客層は、小さな子どもを持つ女性だったからです。幼稚園や小学校へ子どもを送り出した後に来店できるよう営業時間を早めに設定し、集客のためのウェブ発信も、子育て中の女性が興味を持ってくれるように工夫していました。

一方で、同じ子育て中の女性でも横浜駅の近くに住む人の多くは、仕事をもっているため、子どもを保育園に預けたらすぐに電車に乗って勤務先へ出かけてしまい、横浜駅前から離れてしまうのです。

このように、サロンの客層が子育て世代であれば、駅前よりも住宅街のほうが適していますし、住宅街だからこその集客をすればその地域を独占できるのです。逆に、駅前など人が多ければ多い所ほど、競合店も多く住宅街と同じ集客方法は通用しなくなります。

そのことから、横浜駅前に移転してからはターゲットを変え、そこに合うお客様が押し寄せるよう戦略を立て直し、集客を成功させました。

とはいえ、住宅街には次のような強みがあり、決して「住宅街＝悪条件」ではありません。

- **住宅街のほうが、固定客が付きやすい**
- **ターゲット（来てほしいお客様）によっては、住宅街のほうが適している**
- **競合店がほぼない**

住宅街でも駅前でも、それぞれに強みと弱みがあり、その特徴に合わせた戦略を立てれば集客は可能です。逆に、恵まれた環境に見えても、その環境に合った戦略がなければ集客は難しいとも言えるのです。

今、置かれている環境を「強み」と考えられるか「弱み」と捉えるかで、出発地点がまったく違ってきます。**売上を上げたいと考えるなら、今の環境だからこそできる集客は**

何かを考えることです。売上を上げられる人は、こうした意識の持ち方が上手です。

さらに、来店するお客様の大半がインターネット上でサロンを見つけ、予約している現在、ウェブ発信で「どうしても行きたい」と思わせる見せ方・打ち出し方ができれば、どのような環境であっても集客は可能です。

例えば、電車が1時間に1本しかない上に、最寄り駅からさらに50分も歩かなければ辿り着けないような立地、しかも自宅の一室なのに月商200万円となったサロンもありますし、遠く県外から通うお客様を数多く抱えるサロンもあるのです。

あなたのサロンにお客様が来ないのは悪条件だからではありませんし、そもそも、悪条件という考え方自体、必要ありません。

「悪条件だから仕方ない」という思い込みは今すぐ捨てて、本書を読み進めながら集客を学び、実践してください。

2 サロン経営がうまくいかない理由

サロン経営に「悪条件」が関係ないなら、うまくいかない理由はどこにあるのでしょう。まず、一番の要因はマインドです。「うまくいかないかも……」と思っている人は本当にうまくいきません。「絶対にうまくいく、そのためには何でもやる」という強い気持ちを持ってください。また、「うまくいったらいいなぁ」とのんびりやっていたのでは、いつまで経っても成果が上がりませんし、成果が上がらなければモチベーションが下がるという悪循環に陥ります。ですから、やるからには全力で取り組んでほしいのです。

かといって、人は永遠に全速力で走り続けるなんてできません。だからこそ、メリハリが大切です。今日から、3カ月なら3カ月と自分自身で期限を決めて、その期間を全力で駆け抜けてください。そのほうが、精神的にも肉体的にも健全でいられます。

本書では、様々なノウハウを伝えていますが、その根底に流れているのは**「徹底的なお客様目線」**です。お客様が何に悩み、どんなサービスを求めているのか、どんなサロンや施術者に魅力を感じ、通い続けたいと思うのか。これらを見つけ出して実現すれば、お客様に選ばれるのは当然のことと言えます。

逆に、「自分が、このサービスを提供したいから」「自分が、このインテリアが好きだから」「自分が、この制服が好きだから」「自分が……自分が……」と、ベクトルが自分に向いていたり、「業界ではこうだから」「これまでこうしてきたから」というこだわりにとらわれていたりするのでは、どんなに頑張ってもうまくいきません。

行動する前に考え込む人、正解を欲しがる人も、うまくいきません。考えたところで脳の中のデータベースには「自分の過去の経験値」しかないのですから、正解が見つかるはずはないのです。**正解は、トライ＆エラーを積み重ねて見つけ出すもの**と考えてください。

厳しいことを書きましたが、この心構えを持つか持たないかで、結果が大きく変わります。

どうかここで気持ちをリセットして、まっさらな状態で先を読み進み、期限を決めて全力でやり切ってください。

Chapter 1

専門性を打ち出して選ばれるサロンになる

1 専門家こそ選ばれる ～メニューを増やすのは逆効果

多くの個人サロン経営者が、メニューを増やすことで集客の悩みを解決しようとします。メニューを増やせば、「より多くのお客様に喜ばれて、来店が増える」と考えるようですが、それは大きな間違いです。

コストや時間を浪費するだけで、残念ながら集客にはつながりません。

それはなぜでしょうか？　飲食店を例に挙げて説明します。

大通りに面したそのお店の看板には「うどん」「ラーメン」「コーヒー」と書かれ、「ケーキセット」というのぼりまで立っていました。まさに、多くのニーズに応える何でも屋さんです。

ところが、ランチタイムになると、隣接している他の飲食店は賑わっているのに、そのお店だけはいつも閑散としています。結局、ほどなくして閉店してしまいました。

なぜ、誰も入らなかったのでしょうか。

気分に合わせてうどんもラーメンもケーキも食べられる、その上コーヒーまで飲める。もし、あなたがお客様だったらこのお店を選ぶでしょうか。

うどんが食べたければうどん店を選びますし、ラーメンが食べたければラーメン店に入りますよね。ケーキとコーヒーが欲しければ、スイーツ店やカフェを選ぶでしょう。

それは、専門店なのだからきっとおいしいだろうと期待するからです。

もしかしたら先のお店は、うどんもラーメンもケーキもコーヒーも専門店に負けないほどおいしかったのかもしれませんが、看板を見ただけでは伝わらず敬遠されてしまったのだと思います。

これと同じことがサロンにも言えます。

あなたが、なかなか治らないニキビに悩んでいるとしたら次の3つのうち、どのサロンを選ぶでしょうか。

・ボディエステもフェイシャルエステも、さらにはヘッドスパまでやっているサロン

・フェイシャルエステ全般を扱っているサロン

・ニキビ肌専門サロン

長年、ひどい肩こりで悩んでいるとしたら次の3つのうち、どのサロンを選ぶでしょうか。

・ボディマッサージも小顔矯正も、フットケアもやっているサロン
・ボディマッサージ全般を扱っているサロン
・肩こり専門サロン

ニキビなら「ニキビ肌専門サロン」、肩こりなら「肩こり専門サロン」といったように、専門性が高いサロンのほうが、自分の悩みに「効きそう」な気がして行ってみたくなるのではないでしょうか。

お客様にはそれぞれ、解決したい悩みがあります。

その悩みを解決してくれる！　と強い期待感を持つからこそ、時間とお金を費やしてもそのサロンに行ってみたいと感じてもらえるのです。

そして、**期待感が高まるのは、何でも屋さんではなく「専門家」**なのです。

何でも屋さんは選ばれません。

多くのお客様の悩みに対応しようとメニューを増やし、「何でも屋さん」になってしまうことは、想いとは裏腹にお客様を遠ざける行為だと、まずは気づいてください。そして、自分が「どの悩みを解決する専門家になるのか？」を考えることから始めましょう。

2 お客様の悩みをリサーチする

あなたが「どの悩みを解決する専門家になるのか？」を考えるには、まず「お客様が何に悩んでいるのか？」を知る必要があります。つまり、リサーチです。

自分の独りよがりな感覚や想像で専門性を絞っても、それがお客様に求められていなければ来店にはつながりません。お客様のことが分からないまま発信してもうまくいかないのです。リサーチをして、何が求められているか（ニーズ）を見定めてから、その中で自分にできることは何かを考えるのが正しい順序です。

ここで大切なのは、「悩み」とは「太っている」とか「肩こり」とか「ニキビ」とか「毛穴が目立つ」などという単純なものではないということです。

・太っている結果、どんな悩みがあるのか
・肩が凝った結果、どんなことが辛いのか
・ニキビがあることで、何に悩んでいるのか
・毛穴が目立つことで、何に困っているのか

というところまで掘り下げることが必要です。

例えば次のように、その悩みがあることで、具体的にどんな場面でどんなふうに困っているのか、何が辛いのか、そこまで見つけ出します。

・太っているから、体形を隠す洋服しか着られない
・肩こりがひどいせいで、頭痛がしてイライラする、夜も眠れない

・ニキビがひどいから、髪の毛で隠さないと外に出られない
・毛穴が目立つのが気になって、恋人と顔を近づけたくない

では、具体的なリサーチの方法をご紹介します。

■インターネットを使ったリサーチ

ウェブ上であれば、Yahoo!知恵袋などの質問サイトが便利です。

ニキビ・肩こり・ダイエットなど、あなたの技術に関連するキーワードで検索してみましょう。多くの方が質問や悩みを書き込んでいて、閲覧数によってニーズの有無を判断できます（つまり、閲覧数が多ければ、同じ悩みを抱えている人が多いということです）。年代・性別ごとの悩みも分かります。

また、一つのキーワードから、関連するキーワードを見つけることもできます。例えば、ダイエットで検索すると「サプリメント」や「太もも」という言葉が出てくるので、さらにそのキーワードで検索していく、などです。

■日常の中でのリサーチ

日常の中のあらゆる場面がリサーチの場になります。

例えば、デパートの洋服売り場に行くと、太っている方はサイズありきで洋服を見るケースがあるように思われます。デザインよりもまず、「入るか入らないか」が気になるからでしょう。ニキビがひどい人は、顔を隠すヘアスタイルをしている傾向にあります。カフェで仕事をしている方は、頻繁に首を回したり肩を気にしたりしています。

そんな姿からも、悩みが見えてきます。色々な場所へ出かけて、想像力を働かせながらよく観察してみましょう。

■友人や知り合いに直接悩みを聞く

悩みやコンプレックスについて直接聞くのは気が引けるものですが、単刀直入に聞かなくても、何気ない会話の中にヒントがあります。例えば、シミを気にしている人の場合なら、次のような言葉が出てきます。会話の中で、常にアンテナを立てておきましょう。

・鏡を見るたびに老けたと感じて落ち込む

・シミを隠すためにコンシーラーが手放せない
・ついつい厚塗りになって、シワっぽくなってしまう

これらの方法で、まずは時間をかけてリサーチを行い、見つかった悩みを書き出していきます。やればやるほど、自分では想像していなかった悩みも見えてくるはず。それができたら次の段階です。

3 お客様の悩みや解決したいことを書き出す

前節で、リサーチをしながら見つかった悩みを書き出していくと話しましたが、悩みの数が30以下では足りません。できれば１００、書き出せるまで行いましょう。これ以上ないと思ったら、さらにリサーチを繰り返して悩みを探していきます。

ここで、簡単に諦めないでください。サロン経営に限らず何かを成し遂げるには、諦めない姿勢が何より大切です。自分にはできる、と信じる姿勢も必要です。ここで、１００

出し切ってくる方はその後どんな場面でも、簡単に「できない」とは言いません。その姿勢が成果につながります。

リサーチを深くすればするほど、今まで見えていなかったお客様の姿がありありと見えてくるようになるので「こんな悩みもあったのか」と驚くことでしょう。

どんな悩みを抱えて、日々、何を感じ、何を思いながら生活しているのか、リサーチした悩みから想像力を働かせてみましょう。これが、前節の最初にお話しした「お客様のことが分かる」ということです。

ここから「誰の、どの悩みを解決する専門家になるのか」を定めて、ウェブ上で発信し、集客をしていきますが、悩みを詳しく把握していればいるほど、その発信がお客様の目に留まりやすくなります。

具体的な悩みにフォーカスして、その悩みから解放された未来を見せることで「あ、自分のことだ」「自分の悩みと同じだ」「このサロンなら自分の悩みも解決できるに違いない」「自分もその未来を手に入れたい」と感じ、さらには「このサロンについてもっと詳しく知りたい」と感じてもらえるのです。

たくさんのサロンが発信をしている中で「あなたのサロン」に興味を持ってもらうためには、お客様が「自分事《ごと》」に感じるかどうかがとても重要です。そのための大切な準備が、リサーチなのです。

4 お客様の悩みを解決するために何ができるかを書き出す

リサーチによってお客様の悩みを書き出すことができたら、次はその悩みを持つお客様に対してあなたが持っている技術や知識で何ができるか、を書き出していきます。

書き出す時には、「○○（手技の名称）ができる」「食事のアドバイスができる」「生活アドバイスができる」といったことだけではなく、もっと細かく具体的に書き出すようにしてください。

例えば、太っていることをコンプレックスに感じている人に対して、

・早く痩せるための白湯の温度や飲み方を具体的に伝えられる

・ダイエット効果の高い野菜の種類や食べる量を伝えられる
・夜勤がある方に太らない食べ方のルールを伝えられる
・代謝を上げる入浴方法（湯温や時間）を伝えられる
・太らないお酒の飲み方をアドバイスできる
・ダイエット中の外食の仕方、飲食店の選び方をアドバイスできる……など

深く考えずに、小さなことでも頭の中が空っぽになるまで書き出します。こうして細かく書き出していくと、手技はもちろん食事のアドバイスや生活のアドバイスなど**「できること」がたくさんあると気付くはず**です。また、ここで書き出したものが後にブログなどで発信する時のネタになるので、書き出しておけばおくほど、ネタに困らなくなります。

正解、不正解はありません。とにかく言語化して、あなた自身が今持っているものを棚卸していきましょう。自分のことは分かっているようで分かっていないものです。書き出していくうちに、思っていた以上にできることがあると気付けたり、逆にできると思っていたものが実はできないと気付けたりすることもあります。

できることをすべて出し切ったら、その中で特に自信があるもの、過去にお客様に喜ばれた経験があるものを考えてみましょう。そこに、あなたの専門性が眠っています。

5 自分の専門性を見つけ出す

いよいよ、あなたが何の専門家になるのかを見つけ出していきます。

前節で、お客様の悩みを解決するためにあなたができることを書き出しました。その中で、**あなた自身が得意なもの、過去にお客様に喜ばれた経験があるもの「トップ5」を、ピックアップしてください。**

例えば、整体で体のゆがみを整えられるとしたら、肩こり、腰痛、冷え性、O脚、ダイエット、便秘など、色々な悩みに対して「できること」を書き出せるはずです。その中で、自信を持ってできる施術やアドバイスはどれでしょう。お客様に喜ばれた経験が多いものはどれでしょう。ボディマッサージでも部位によって得意不得意が分かれると思います。お腹痩せは得意だけれどお尻は苦手、太ももなら喜ばれた経験が何度もある、など。「できること」を具体的に細かく書き出していれば、その中から絞り込んだ「トップ5」は自然と具体的でピンポイントな内容になっているはず。それが、あなたの専門性です。

自分自身が得意で、なおかつお客様に喜ばれた経験があるものに焦点を絞って専門性を定めると、その後の発信にも自信が持てますし、結果にもつながりやすくなります。

やりたいこと、できることが複数あって迷ってしまうのであれば、まずは「これ」と決めて先へ進んでみることです。専門性を定めるのは意外と難しいもので、スムーズに決められる人は半数以下です。経過を見ながら変えていくこともできますから、柔軟に考えましょう。

逆に、もしここで自信のあるものが見つからなかったり、お客様に喜ばれた経験が思い浮かばなかったりしても、悲観しないでください。それは単純に、場数が足りないだけです。モニターを募って経験を積み、お客様の生の声に数多く触れることで見つけられますから安心してください。

専門性に悩んだ時のモニター募集とお客様の声の集め方については、次節で解説していきます。

専門性を定めることができたら、ブログやSNSなどウェブ上の媒体で発信をしていきます。これまでにリサーチをして書き出したお客様の悩みと、それに対してあなたができること、実際に喜んでくださったお客様の事例や声も発信していきましょう。

ブログやSNSの詳しい活用方法については、Chapter 2でくわしく紹介します。

発信する時に大切なのは、**「専門性を定めたら、決してブレずにその一点に絞って発信する」**ということです。

ここで、これまでの作業が生きてきます。自分本位な想像ではなく、細かくリサーチをして見つけ出したお客様の悩み。たくさんの悩みと、それに対してあなたができることをすべて書き出せていれば、ネタに困ることはないはずです。

そして、具体的な悩みに焦点を絞って発信していくことで、同じ悩みを持つ方が「自分のことだ」と感じてあなたの発信に目を留めるようになります。専門性を打ち出すことで、お客様の期待感も高まります。

一点に絞ることは「捨てる」のではなく、「表から見えないようにする」だけ。

Chapter 1の最初にお話しした、「何でも屋さんは選ばれない」という言葉を思い出してください。看板に「うどん」「ラーメン」「コーヒー」と書かれ、「ケーキセット」というのぼりまで立っていた飲食店が（すべておいしかったかもしれないのに）お客様に選ばれず閉店してしまったように、たくさんのメニューを打ち出して何でも屋さんになってしまったサロンは、たとえすべての技術が素晴らしかったとしても選ばれません。

でも「おいしそうなうどん店に入ったら、食後に思いがけずおいしいコーヒーまで飲めた」なら、得をした気分になりますね。来店したお客様の希望や状況に合わせて、あなたができるおもてなしを提供するのは問題ありません。ゼロか100かではなく、捨てるのでもなく、「軸を定める」というイメージです。

発信を一つに絞ることは勇気が必要かもしれません。これまで、多くのメニューを掲げることが集客につながると考えてきたのであれば、なおさらです。また、「専門家になる」「専門家として発信する」ということに、最初はプレッシャーを感じる方も多いです。

ですが何度も言うように、何でも屋さんは選ばれません。お客様に選ばれるサロンになるために、専門家として発信する覚悟を持ってください。

6 専門性を見つけ出すことに悩んだら
〜体験モニター制で経験を積もう

前節でお話しした通り、専門性を見出す作業は思いのほか難しいものです。半数以上の方がすぐに決められず悩んでしまいます。あなたもそうではないでしょうか。

専門性を見つけ出すことができない理由として多いのが、次のような声です。

- **自信が持てるものが特にない**
- **フェイシャルケアもボディケアもできるけれど、何が得意か分からない**
- **リラクゼーションしかしたことがなく、悩みを解決した経験がない**
- **「気持ち良かった」「リラックスできた」などの感想しかもらったことがない**

このようなケースに陥る一番の原因は、経験不足です。もしくは、お客様の声を聞く機会を積極的に作ってこなかったからと言えます。これらを解決するには、体験モニターを募って場数を踏むと同時にお客様から感想文を集め、生の声に数多く触れることです。

1人のモニターが週に1回のペースで通うと、1カ月で4件の感想文をもらうことができます。3カ月継続すれば12件。このようなモニターをまずは10名集めましょう。そうすれば、3カ月で120件という膨大な量の声が集まることになります。

モニターを集める際に注意すべきことがあります。

それは、ウェブやチラシなどで広く募集をしないこと。モニターを募集しているということは、暇なサロンだと宣言しているようなものです。暇なサロン、人気のないサロンに行きたいと思う人はいません。

モニターは、「人づて」で集めるようにしましょう。

甘えの生じない適度な距離感を保てる方を集めることも大切です。親しい友人や知人、親族など、近しい間柄だと慣れ合いの関係になってしまい、アドバイスを真剣に実践してくれないなどの悩みが生じやすく、途中で辞める方が多くいます。理想的なのは、友人の同僚や後輩など、あなたとの間にワンクッション入る関係です。近過ぎず遠過ぎず、お互いに適度な緊張感を保つことができます。

「あなたのまわりに痩せたいと悩んでいる人、誰かいない？」
「○○で悩んでいる人、誰かいない？」
「○○に興味ありそうな人、誰かいない？」

こんなふうに声をかけてみましょう。

モニターが集まったら、施術のたびに感想文をもらいますが、用紙はQ＆A形式でなく、自由に書けるスペースをＡ４サイズの半分以上確保してください。モニターの方には、一言だけの感想ではなく、詳しく具体的に書いてもらうようお願いします。その際、プライバシーに留意しつつ、ホームページやブログ等に載せる旨を伝え、了承していただきましょう。

最近は、紙よりも小さなホワイトボードに感想を書いてもらい、一緒に写真を撮るケースが増えています。そのままインスタグラムやブログにアップできる手軽さもあり、さらにはホワイトボードを持つことで、お店の雰囲気を目に見える形で伝えることができるからです。紙に書いてもらうと、それをスキャナーで取り込む手間があるため、手軽にできるホワイトボードが今のお勧めです。

モニターの方に遠慮する必要はありません。モニターは、サービスを正規の価格より安く提供するかわりにサロンに協力してもらうという「契約」ですから、へりくだる必要はないのです。

「気持ち良かった」「リラックスできた」といった簡単な言葉ではなく、**施術の結果に現れた変化や、それまで抱えていた悩みがどうなったのかを詳しく書いてもらうよう促しましょう。**

こうして集めたたくさんの感想文の中から、改めて、お客様に喜ばれたことやあなたの技術で解決できた悩みをピックアップしていきます。

ボディケアとアドバイスを継続しているうちに、体が軽くなった、目覚めが良くなった、肩を動かしやすくなった、手足の冷えに悩まなくなった、二の腕が引き締まった、ウエストがワンサイズ小さくなった、などの感想が出てくるかもしれません。

そんな感想が多く集まり、自信を持てるものが具体的に見えてきたら、モニターへの施術も徐々に専門性を絞り、Chapter 1の9でお話しする「専門家としての場数を踏むためのモニター制」（47ページ参照）へ移行していきます。

さあ、今度はあなたも専門性を見つけ出すことができたはずです。

それでは、次の段階に進んでいきましょう。

7 ターゲットとなるお客様像を決める

専門性を見つけ出すことができたら、次は、ターゲットとなるお客様像を定めましょう。ペルソナとも言います。ペルソナは「たった一人の理想のお客様」です。あなた自身が、こんなお客様が来てくれたらとても嬉しいと思う方一人の特徴を、書き出してください。

- 名前・年齢
- どんな悩みを持っているのか
- OLなのか、主婦なのか、既婚なのか、独身なのか
- お子さんがいるのかいないのか、いるとしたら何人なのか、何歳なのか
- 好きなテレビ番組や芸能人、雑誌は何か
- どんな生活背景を持つのか

・どんな性格なのか……など

漠然とした人物像ではなく、名前も付けて年齢も「○○代」でなく「○歳」と決めてください。なぜなら同じ30代でも、30歳と39歳では悩みも考え方も感性も視点も違うからです。「こんな人」ではなく「この人」です。

書き出す時には、実際に施術を受けたことがある人であなた自身が接して楽しかった人をモデルにするとよいでしょう。この人の予約が入ると嬉しくなってしまう「たった一人の大好きな人」を思い浮かべながら書き出します。それも、「今、こういうお客様が多いから」「こういう人なら売れやすいから」という理由ではなく、「この人が好きだから」にしてください。このワークをしていると多くの方が「楽しくて、顔がほころんでしまう」と言います。この、ポジティブなイメージが大切です。

サロンの立地や専門性と矛盾しないことも重要です。例えば、一般的なサラリーマン世帯が住んでいる団地に大富豪のマダムはいませんし、ニキビ肌専門サロンでペルソナが50代ということもあり得ないはずです。

ここで、私が横浜駅前にサロンを出店した時に定めた理想のお客様を紹介します。ペルソナの名前は「銀子さん」としました。銀子さんはこんな人でした。

- 51歳、夫は管理職、実家は資産家でお嬢様育ち、息子が2人、大学生と高校生
- 郊外の一戸建て（神奈川県横浜市）に住んでいる、専業主婦
- 平日は友人たち、主にママ友とのランチで忙しい、常にポジティブでアクティブ
- ハイブランドが好き（特にシャネル）、髙島屋のゴールドカードを持っている
- 銀座が大好き、韓流ブームに乗り、韓国に足しげく通っていた
- ピンクが好き、気に入ったものは金額を聞く前に「買う」と言う、料理上手
- 夫に大切にされている、Mっ気がある、素直で可愛い
- 最新のものが好き、コロコロとした体形……など

特徴は実際には35以上ありました。このくらい、細かく設定してください。

あなたの理想の「たった一人のお客様」をありありと想像することができたら、ブログやSNSでの発信をすべて、そのお客様に届ける気持ちで書いていきます。その方の悩みや考えていること、好きなことを徹底的に想像して理解してください。この時に、好きな人を想像したほうが絶対に楽しいです。発信がペルソナ通りの人に届けば、理想のお客様でいっぱいのサロンになります。サロン経営をしていてこれほど幸せなことはありません。

銀子さんのモデルになったお客様は「体重が増えすぎて膝が痛い」という悩みを抱えていました。そこで膝の痛みと体重についての記事をブログに書いたところ、同じ悩みを持つお客様が記事を見つけて来店されました。

また、銀子さんのモデルになったお客様からもらったBVLGARIのバレンタインチョコレートについてブログに書いたところ、「BVLGARIのチョコレート」で検索をした方が私のブログ記事にたどり着き、「私、ダイエットしたいんだよね、そういえば」と言って来店されたのです。

できるだけ多くの人に来てほしいと欲張ると、ついつい漠然とした広いターゲットを設定してしまいがちですが、実はたった一人の理想のお客様に向けて発信したほうが高い効果があります。同じ悩みや好みを持った方たちが「私のことだ」と感じて目を留めるのです。

ペルソナ設定は、大企業も行っています。ぜひ、楽しみながら、ポジティブなイメージを膨らませながらやってみてください。

8 キャッチコピーはかっこよさよりも専門性を出す

キャッチコピーとは、サロンの看板やSNSのプロフィール部分、ブログやホームページのヘッド部分に書き込む「サロンの〝ウリ〟を表現する言葉」のことですが、絶対に必要なものというわけではありません。お客様に「刺さる」キャッチコピーは確かに集客効果がありますが、そうでなければあっても意味がないのです。

では、「刺さる」キャッチコピーとはどのようなものでしょうか。

それは、一目で「何を専門にしているのか」が伝わり、お客様が「私の悩みも解決できそう」と「自分事」に感じられるキャッチコピーです。

・たった3カ月でワンサイズ小さい服が着られる

・皮膚科でも解消できなかったニキビに悩む方が駆け込むサロン
・2週間以上続く湿疹《しっしん》にお困りの方へ

これらは、どれも具体的で「どんな悩みを解決してくれる専門家なのか」が一目で伝わります。実は、3つ目のキャッチコピーは、以前私がなかなか治らない頬《ほお》の湿疹に悩んでいた時に見かけて、その場で電話をかけたクリニックのものです。まさに「私のことだ」「私の湿疹も改善できるかも」と感じたのです。私がその場で電話をしたように、刺さるキャッチコピーは集客に大きな効果があります。

ですが、「閑静な住宅街で癒しのひとときを」「なりたいあなたに、なる」「輝く素肌」のように、言葉は綺麗だけれど専門性が伝わらない、誰のためのサロンか分からないキャッチコピーには意味がありません。このようなキャッチコピーを掲げるくらいなら、シンプルに「〇〇専門サロン」と、専門性をそのまま掲げたほうが効果的です。

キャッチコピーのポイントは「専門性」と「自分事」。これを意識して考えてみてください。すぐに思いつかなければ、「〇〇専門サロン」から始めても良いのです。

9 体験モニターを10名集め、専門家として場数を踏む

ここでいう体験モニターとは、あなたが「専門性を定めた上で」専門家としての場数を踏み、自信を付け、今後の発信に生かすためのモニターをさします。

まだ「専門性を見つけ出すためのモニター制」（37ページ参照）を実施していないのであれば、この段階で10名集めましょう。すでに実施しているなら、同じモニターで継続して進めていきます。専門性を見つけ出すまでに時間がかかる場合は、専門性が見えてきた時点で徐々に「専門家としてのモニター制」に移行します。

専門性を見つけ出すまでに時間がかかり、モニターが不足するようなら、追加で数名のモニターを募集して、専門家としての経験を積んでいきます。

モニター制を進めていく際の注意点はChapter 1の6の通りですが、さらにお客様に喜んでもらうために気を配りたいことがあります。それは**「紹介者とモニターの関係が良好になるように進めていく」**ことです。

私の耳つぼダイエットサロンでは、モニターの方に効果が表れてきた場合、紹介してくれた友人に次のように伝えていました。

「モニターのAさんは痩せてきたから、今度会った時に〝痩せたね〟って声をかけてくれる？」

友人から「痩せたね」と言われたモニターのAさんは、嬉しそうにそのことを私に教えてくれるので「ほら、やっぱり誰が見ても痩せたんですよ！」と一緒に喜びを共有できるのです。友人には「あなたに言ってもらえたのが嬉しかったみたい」と伝えました。

その結果、Aさんは以前にも増して意欲的にサロンに通いアドバイスを実践するようになり、友人も積極的に声をかけてくれるようになりました。この良い循環のおかげで、Aさんは順調に痩せることができ、友人とAさんの関係もさらに良くなったのです。

ちょっとした気配りで、体験モニターの方の効果が上がりますし、モニターの方や友人が喜ぶ姿を見られてあなたも嬉しくなるはず。ぜひやってみてください。

10 体験モニターからの感想をサロンの発信に生かす

ここで大切なのは、「感想のもらい方」です。あなたの施術によって、モニターの方のどんな悩みが解決できて、気持ちや生活がどのように変わったのかなど、こちらが「欲しい内容」を書いてもらうように誘導することが必要です。

具体的には施術後、感想を書いてもらう前の会話が重要になります。モニターの方に鏡を見せながら、効果が表れている箇所に意識が向くよう声掛けをしていきましょう。

「お鼻の毛穴、いかがですか？　触ってみてくださいね」
「すごい！　黒ずみが取れている！　ツルツルで気持ちいい！」
「お腹周りの部分を触ってみてもらえますか？」
「すごい！　スッキリしている！」

このように、モニターの方が効果を確認して感動したところで「そのことについて書いてほしい」と伝えて用紙を渡します。用紙はQ&A形式ではなく、自由に書いてもらう形です。

モニターの方にビフォーアフターの写真を見てもらい、効果を実感してもらいましょう。モニターの方が着替えている時間などを使ってスマホでビフォーアフターの写真を作成します。1回の施術で効果が目に見えるものはその日のうちに、継続することで効果が出てくるものは効果が出てきた段階で見てもらうようにします。来店の度に写真を撮影しておいて、いつでもビフォーアフターの写真を作成できるようにしておきましょう。

さらに、お客様の変化を注意深く観察して声をかけていきます。

例えば、ニキビが気になって、額や頬を隠す髪型しかできないという悩みを抱えていたお客様が、隠さずに来店するようになった、髪型をショートに変えたなど、小さな変化に気付いたら、

「髪型変えましたね、すごく素敵ですね」
「最近、ショートにされたのですか？」

と声かけをします。
その上で感想の用紙を渡せば、自然と、

「ニキビができなくなりました」
「おでこや頬を出してみたら、気持ちも前向きになりました」
「挑戦してみたかったベリーショートにできました」

という、こちらの意図した感想をもらうことができます。Chapter 1の6で伝えましたが、こちらが欲しいと思う感想（嘘を書いてもらうのとは違います）を書いてもらうことに対して、遠慮をしたり躊躇したりする必要はまったくありません。
体験モニターは、あくまでも「契約」ですから、協力してもらうのは当然と考えてください。あなたの施術やアドバイスで効果が表れたなら、「そのことを書いてください」とお願いすることには何の問題もないのです。はっきりと「このことについて書いてほしい」と伝えて書いてもらい、その感想をブログやSNSで発信していきます。あらかじめモニターの方には、プライバシーに留意した上でホームページやブログ等に掲載することを伝え、了承を得ておきます。

こうして、あなたのブログやSNSが、悩みを解決した未来をありありと魅せるような感想で一杯になれば、誰が見ても専門サロンです。同じ悩みを持つ方に「このサロンこそ、自分の悩みを解決してくれるサロンだ」「このサロンじゃなきゃ」と感じてもらうことができます。

そうなれば、割引キャンペーンも必要ないですし、悪条件でも関係ありません。お客様は、価格の安いサロンやアクセスの良いサロンよりも「あなたのサロン」を選びます。

これが「サロンの価値が高まる」ということです。

そのために必要なのが、感想を書いてもらう際のひと手間です。非常に大切なポイントですから、必ず行うようにしましょう。

Check This!

パーソナリティーを履き違えない

ウェブ発信において、サロン経営者の皆さんに徹底してほしいと切に願うことがあります。それは「体調不良」を匂わせる発信をしないということです。施術者のパーソナリティーを出すことには安心感を与えられるメリットがありますが、何でも書いていいわけではありません。

例えば、風邪をひいたとしましょう。それを公表する必要があるのかどうか？　仮に書くのだとしたらその「理由」は何か？　お客様や未来のお客様がそれを読んで「何を感じるのか」まで考えてほしいのです。

健康や美しさを提供するサロンであれば、当然「説得力」がなくなりますし、しょっちゅう風邪をひいたと投稿している施術者のサロンに行きたいと感じるお客様はいないはずです。サロンを運営するのであれば、お客様が抱くイメージを自ら壊す必要はないですよね。

もし「書いてしまった！」という方がいたら、その記事やタイムラインを今すぐ削除することをお勧めします。過去に埋もれてしまったから見ないのは自分だけで、お客様はきちんと見ています。もちろん、サロンでお客様に言うなんてご法度ですからね。

Chapter 2

ホームページなしでも
ブログとSNSで
集客は最大化できる

1 ホームページを最初に作らないほうがいい理由

Chapter 2では、いよいよウェブ上で集客をするための媒体を構築していきます。ここで、多くの方が「ホームページを作らなければ」と考えますが、ちょっと待ってください。集客できるホームページには、次のような要素が必要です。

- 掲載すべきサロンの基本情報
- 思わず予約したくなるメニュー構成
- スムーズな予約につながる導線
- 効果的な写真の撮り方・使い方
- お客様が迷わずサロンに来店できるアクセス地図
- お客様の期待を裏切らないイメージ作り
- お客様の心を惹きつける内容と言葉選び……など

注意すべきは、多くのホームページ制作業者はデザインのプロであっても、サロン集客のプロではないということです。それを知らずに丸投げしてしまうと、必要な要素を満たさないホームページができ上がってしまうことが多くあります。

ホームページ制作には数十万円の費用がかかりますが、見た目が美しくても集客につながらないホームページができ上がってしまったのでは、大金を掛けた意味がないですね。

しかも、でき上がったホームページはウェブデザインの知識がなければ修正することができません。業者に修正を依頼すればその都度追加費用がかかる上に、場合によっては電話番号ひとつ、写真ひとつ直すのに1カ月も待たなければならないケースもあり、時間もお金も無駄にしてしまう可能性があります。

ホームページなしでもブログとSNSで集客は最大化できますから、まずはあなた自身の手でウェブ集客の経験を積みましょう。そして、集客に有効なページがどういうものかを知った上で制作を依頼したほうが、リスクを負わず集客できるホームページを作ることができます。

2 ブログならトライ&エラーをしながら理想のページを作っていける

前節で、ホームページ制作を依頼する前に、まずはあなた自身の手でウェブ集客の経験を積みましょうと話しました。そのために活用するのが「ブログ」です。

「集客できるホームページに必要な要素」について、最初から完璧に作り込める人はいません。これらは、お客様の反応を見ながら改善を重ねていくことで徐々に見えてくるものです。ブログならお金をかけずに自分で作ることができて何度でも修正ができるので、トライ&エラーを繰り返しながら理想的なページを作っていくことができます。

次のようなブログ集客の基本について、Chapter 2では解説していきますので、まずは基本に沿って作ってみましょう。さらに、SNSやGoogleマイビジネス(Chapter 2の4参照)なども活用して集客を最大化させていきます。

・ブログに載せるべきサロンの基本情報
・思わず予約したくなるメニュー構成

・予約フォームの作り方
・お客様が迷わずサロンに来店できるアクセス地図の作り方
・ブログに人を集める方法

これらがうまくかみ合うと、面白いようにウェブから予約が入り始めます。もし数カ月経っても予約が入らなければ、まだ何かが足りないということです。お客様の目線に立ってブログやSNSを見直し、改善を重ねていきます。

同時に、これまで解説したペルソナ設定や専門性、キャッチコピーなどについても本当にお客様に響くものになっているかどうかを確かめ、必要に応じて修正していきましょう。

思わず予約したくなるようなブログを作るには、お客様の感情を深く理解する必要がありますが、そのためにはトライ&エラーが不可欠です。気の長い作業に感じられるかもしれませんが、完成すれば広告宣伝費ゼロで大きな集客効果を生み出すことができます。

強い気持ちをもって、腰を据えて取り組んでください。

3 ブログはグルグル循環する媒体、SNSはサラサラ流れる媒体

今やInstagramやFacebookなどのSNSはユーザー数も多く、生活の中に深く浸透していますから、サロンの存在を広く知ってもらうにはとても有効な媒体です。けれど、SNSでは文字数が限られる上にタイムライン上をたくさんの投稿がサラサラと流れていくので（フロー型）、お客様があなたの投稿に興味を持ったとしても、予約するために必要な情報に辿り着くのが難しくなります。多くの場合、タイムラインを1～3スクロールくらいさかのぼって興味や関心を持たれなければ、お客様は離脱してしまうと言われています。これは大きな機会損失ですね。

ダイレクトメッセージ（DM）やメッセンジャーで問い合わせや予約を受けるケースもありますが、数が多くなるとかなりの手間になります。

一方ブログは、サロンの営業日や営業時間、メニュー・料金、施術の流れ、予約状況・予約フォーム、アクセス地図、お客様の声、不安解消のためのQ&Aなど、必要な情報を

すべて盛り込むことができます（ストック型）。これらがブログのどこからでも見つけられるように導線を作っておけば、お客様はスムーズに疑問や不安を解消し、予約をすることができます。

また、ブログ内のそれぞれの記事から関連記事へ誘導することで、お客様は「なんだろう？　なんだろう？」とブログ内をグルグル循環し、ますますあなたのサロンに興味を持つようになります。

ＳＮＳから問い合わせがあった場合にも、ブログのＵＲＬを送れば逐一、言葉で説明する必要がなくなりますし、お客様も分かりやすくて一石二鳥です。

こうした特徴を踏まえた上で、**まずはＳＮＳで存在を知ってもらってからブログへ誘導する仕組みを作りましょう。**ＳＮＳは入り口、着地はブログです。

4 ウェブ検索に強いGoogleマイビジネス

ブログ、SNSと合わせて必ず活用したい媒体が、**Googleマイビジネス**です。

例えば、「フェイシャルエステ　新宿」と入力しGoogle検索をすると、検索結果の上位にGoogleマップと共に、新宿のフェイシャルエステサロンの情報がいくつも表示されます。

図1 Googleマイビジネス

「フェイシャルエステ」だけで検索すると、検索ユーザーの現在地に近いフェイシャルエステサロンがGoogleマップと共に表示されます。これが、Googleマイビジネスです。

Googleマイビジネスは有料クーポンサイトよりもGoogle検索結果の上位に表示されるので、自宅や勤務先の近くなど、**場所を基準にサロンを探している方にあなたのサロンを見つけてもらえる可能性が高くなります。**また、多くの方がSNSで気になるサロンを見つけた後、改めてGoogleで検索すると言われていますが、サロン名で検索した時も、ホームページやブログよりも上位にGoogleマイビジネスが表示されます。

このように、検索ユーザーにサロンを見つけてもらう手段としてGoogleマイビジネスは非常に有効な手段ですので、必ず登録しておきましょう（https://support.google.com/business/answer/6300717?hl=ja）。ブログのリンクも登録することができますから、SNS同様、ブログへの入り口としても活用できます。

5 ブログに載せるべき12の基本情報

いよいよ、ブログを作っていきます。最低限ブログに掲載するべきサロンの基本情報は12件です。多くのお客様がスマホでサロンを検索するため、スマホで見られることを前提に作る必要があります。それでは一つずつ説明していきます。

①営業時間、②定休日、③電話番号

お客様に番号を打ち込む手間をかけさせないよう、ブログの画面からワンタップでかけられるようにしておきます。

④予約フォーム

フォーム作成ツールを使って予約フォームを作ります。設置するべき項目など、詳しくは次節で解説します。

⑤メニュー&料金

各メニューと料金の一覧ページを作ります。

⑥メニューの詳細ページ

各メニューの詳細を説明したページを作り、「メニュー&料金」から気になったメニューの詳細ページにワンタップで移動できるよう、リンクを貼っておきましょう。

⑦住所

自宅サロンの場合、住所をすべて公表する必要はありません。サロン経営者のほとんどは女性ですし、小さなお子さんがいる場合は特にセキュリティー上の不安もありますので、ブログに掲載するのは「何丁目」までに留め、その先は電話などで誘導するようにします。

⑧アクセス地図（写真付き）

自宅サロンの場合は、目印がある場所までの地図を作成し、自宅の写真を載せる必要はありません。目印がある場所からは電話で誘導します。その他の注意事項は次節で解説します。

⑨最新予約状況

予約状況が一目で分かるページを作って、こまめに更新しましょう。このページをお客様に見てもらってから予約をしてもらうと、予約の重複が起きにくくなり、お客様にもサロンにも手間とストレスがかからなくなります。

⑩施術の流れ（写真付き）

来店時の検温と消毒→カウンセリング→着替え→施術……といった施術の流れをまとめておきましょう。施術を受ける時の状況がイメージしやすいように、写真は実際のサロンの写真を使います。換気は十分か？　着替えが必要なのか？　着替えるとしたらどんな場所で着替えるのか？　自分に合ったサイズはあるのか？　個室なのかカーテンの仕切りだけなのか？……など。

お客様は初めての場所へ行くのですから、1つでも分からないことがあると不安になり、予約をためらってしまいます。疑問や不安を感じさせないよう、細かいところまで気を配りましょう。

⑪よくある質問（Q&A）

お客様に問い合わせの手間をかけさせないよう、あらかじめよくある質問についての答えを記載しておきます。新たに問い合わせが入ったら随時追加していきます。

⑫お客様の声一覧

体験モニターでもらった声を掲載します。1人につき1記事ずつ作成し、別途まとめページを作って各記事へのリンクを貼っておきます。

これら12の情報をブログに盛り込み、興味を持ったお客様がどのページからでも簡単に見つけられるようにしておきましょう。具体的には、すべての記事の直下にリンク集を設置するのがお勧めです（図2参照）。お客様は欲しい情報がすぐに見つからないと離脱してしまいますから、導線作りはとても大切です。記事を読んで「いいな」と思ったら即サロンの場所を調べて予約状況を確認し、フォームから予約ができる流れを作っておきましょう。

図2 サロン情報の一例（リンク集）

横浜駅徒歩5分　耳つぼダイエット
【サロン　ティアレ】
営業時間：10:00 ～最終受付 19:00
定休日：日曜・祝日
TEL：〇〇〇ー〇〇〇ー〇〇〇〇

メニュー・料金表
最新ご予約状況
ご予約はこちら（24時間受付）
サロンへのアクセス
施術の流れ
ご来店前にお読みください
よくある質問
お客様の声・口コミ

リンク集

6 まずはアクセス地図と予約フォームでお客様の受け入れ態勢を整える

前節でブログに掲載すべき12の基本情報を伝えましたが、その中でも最初に取り掛かってほしいのが「アクセス地図（写真付き）」と「予約フォーム」です。まずはこの2つで最低限の受け入れ態勢を整えましょう。それぞれ作成する上での注意点を挙げていきます。

■ **アクセス地図**（写真付き）**を作成する上での注意点**

● **実際に歩くルートを撮影する**

最寄り駅や起点となる建物から、サロンまでの道のりを実際に歩いて写真を撮ります（スマホでも可）。例えば、駅をスタートにする場合、**「北口の改札は1つです。出られましたら改札を背にして右方向へと歩きます」**などと分かりやすく記載します。また、所要時間については不動産の表示通りの時間を書くのではなく、実際に歩いて時間を計りましょう。「あと何分かかるのだろう」と思わせてしまわないよう、途中にも**「ここから2分で到着します」**と案内文があると親切です。

●景色がつながるような写真を選ぶ

例えば、「美容室を通り過ぎて、左手に小さな神社が見えた先の踏切を渡ったら左へ曲がる」というルートならば、

①美容室が見えてきた所の写真
②美容室を通り過ぎた時点で見える景色の写真
③さらに進んで神社が見えてきた所の写真
④渡るべき踏切の写真
⑤踏切を渡った時に見える景色の写真

というふうに、小刻みに写真を配置して、「この道で正しいのかな？」という不安を一瞬でも与えないようにします（次ページの写真参照）。

●写真の向きを統一する

縦向きや横向きの写真が交ざっていると、見づらい上に雑な印象を与えます。来店前のお客様にとっては「ブログの印象＝サロンの印象」ですから、アクセス地図が雑なだけで「施術も雑そう」「接客も雑そう」というイメージにつながってしまいます。

アクセス地図に載せる写真と説明文の例

①５分ほど歩いて左手に美容室が見えたら、さらにまっすぐ進みます。

②２分ほど線路沿いに歩きます。

③左手に小さな神社が見えてきたらさらに２分ほど歩きます。

④右手に歩行者専用の踏切が見えてきたら渡ります。

⑤線路を渡ったら左へ曲がり、線路沿いへ歩きます。

●写真の映り込みに注意する

写真には人物や車のナンバーが映り込まないようにします。暗い写真もＮＧです。天気の良い週末の早朝など、明るくて人通りの少ない時間帯に撮影しましょう。それでも人物や車のナンバーが映り込んだ時には、ぼかしやモザイクを入れるようにします。

●進行方向や目印を分かりやすくする

お客様を迷わせないよう、写真に矢印や丸印で目印を追加します。その際には、手書きではなくアプリを使って綺麗に仕上げます。矢印や丸印がゆがんでいると、「雑なサロン」という印象を与えてしまいます。

●小学生でも迷わないくらいの分かりやすさを意識する

作成したアクセス地図はサロンの場所を知らない人に見てもらい、迷うところがないか確認しましょう。

■予約フォームの注意点

フォーム作成ツールを利用して作ります。フォームには、フォームズ（https://www.formzu.com/）など様々な有料・無料ツールがあります。予約フォームとお問い合わせフォームを分けると管理が大変なので、１つのフォームでどちらもできるようにしておきましょ

図３ 予約フォームの例（フォームズを使用した例）

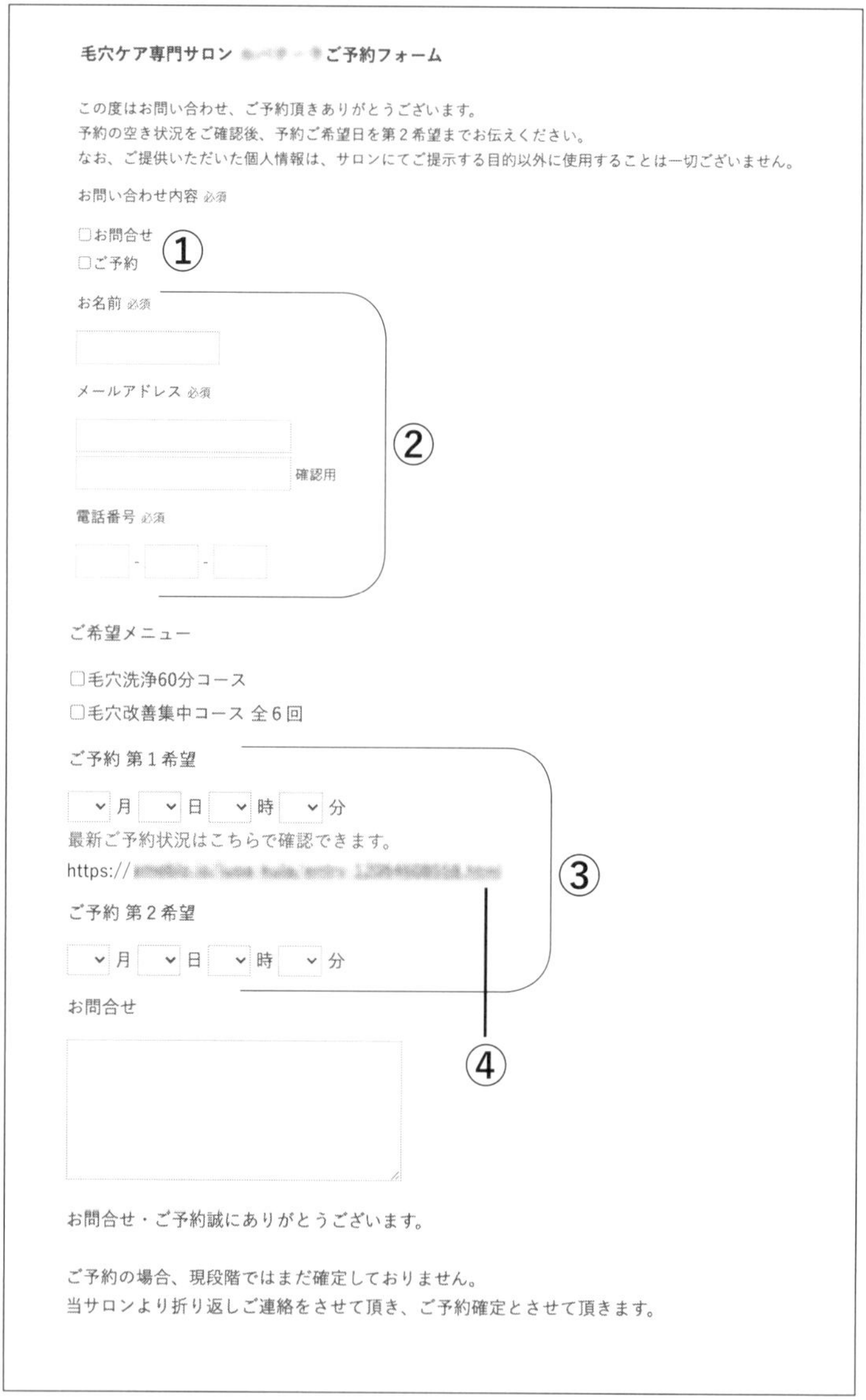

毛穴ケア専門サロン ご予約フォーム

この度はお問い合わせ、ご予約頂きありがとうございます。

予約の空き状況をご確認後、予約ご希望日を第２希望までお伝えください。

なお、ご提供いただいた個人情報は、サロンにてご提示する目的以外に使用することは一切ございません。

お問い合わせ内容 必須

□お問合せ
□ご予約 ①

お名前 必須

メールアドレス 必須

確認用 ②

電話番号 必須

- -

ご希望メニュー

□毛穴洗浄60分コース
□毛穴改善集中コース 全６回

ご予約 第１希望

月 日 時 分

最新ご予約状況はこちらで確認できます。
https:// ③

ご予約 第２希望

月 日 時 分

④

お問合せ

お問合せ・ご予約誠にありがとうございます。


ご予約の場合、現段階ではまだ確定しておりません。

当サロンより折り返しご連絡をさせて頂き、ご予約確定とさせて頂きます。

う（図3参照）。

予約フォーム兼お問い合わせフォームは、次の点に気を付けて作成していきます。

①問い合わせ・予約のどちらかが一目で分かるように選択項目を作る。

②問い合わせ・予約の選択、名前、電話番号、メールアドレスは必須項目にする。他の項目は、問い合わせか予約かによって異なるため必須にはしない。

③予約希望日は第2希望まで選択できるようにする。

④最新予約状況のページをお客様が見られるようにリンクを貼っておく（未作成の場合は作成後に貼る）。お客様が予約状況を見ながらフォーム入力ができるように、ページは別タブで開くように設定しておく。

予約フォームは、お客様に「面倒だな」と感じさせないことがポイントです。項目数は必要最小限にとどめ、住所や誕生日などは来店時にカルテに記入してもらいます。名前・電話番号・メールアドレス・問い合わせ内容以外の項目は、選択式にします。

アクセス地図も予約フォームも、常に「お客様から見てどうか」を意識して作りましょう。これは、サロン経営のすべての場面に当てはまる大切なことです。

7 思わず予約したくなるメニューの作り方

メニュー作りの大きなポイントは「メニューの数」と「メニュー名」です。

■メニューの数

メニューの数が増えるとお客様を迷わせることになります。迷ったお客様はその場で決められず、「後でゆっくり考えよう」と思っているうちに熱が冷めてしまいます。

Chapter 1に沿って専門性を定めていれば、メニューの数もある程度絞られてくるはずですが、それでもメニューが増えてしまうケースが目立ちます。**「多くても3つまで」**にしましょう。

施術にかかる時間も、できるだけ短く収めるようにします。例えば、120分のコースなら90分に、90分なら70分に短縮できないか考えてみてください。「そんなの無理！」と感じるかもしれませんが、例えば施術前にフットバスに10分入っていただいていたなら、それを止めてみる。たったそれだけでも、全体の時間短縮だけでなくお湯の準備や片付けといった手間も省けるため、同じ施術内容でも想像以上に時間短縮ができます。

お客様は、往復の移動やカウンセリング・着替えなども含めて時間をやりくりします。120分のコースでも、家を出てから帰宅するまでには3~4時間以上かかることも多く、こちらが思っている以上にお客様の負担は大きいのです。

特別な時だけのご褒美としてサロンに行くのであれば、時間をかけてゆっくり癒されるのも喜ばれると思いますが、専門サロンが目指すのは「ご褒美サロン」ではありません。それに、悩みを解決するには定期的に通う必要がありますが、1回当たりの時間が長ければ長いほどお客様にとっては障壁となり、通うことが難しくなるのです。

あまりにも長い時間を取られるサロンはご褒美サロンから抜け出すことができず、結果的にリピートもされにくくなってしまいます。

■メニュー名

メニュー名は、ターゲットとするお客様が理解できる言葉を使いましょう。

例えば、キャビテーションやハイパーナイフ、エンダモロジーなど。これらは痩身エステ業界ではよく見かける言葉ですが、サロンに通った経験のないお客様には何のことか分かりません。痩身に限らず、どのジャンルでも同様のケースがたくさんありますが、分からないものを見てもワクワクしませんし、申し込むこともできません。

協会やメーカーが定めた特殊な名前も、お客様には伝わりません。お客様が普段使うような言葉で、分かりやすいメニュー名を付けましょう。

思わず予約したくなるメニュー名とは、例えば次のように「悩みを解決した未来像がありありと見える」メニュー名です。

・便秘解消・お腹痩せ70分コース

・ニキビ跡集中60分コース

・3カ月でワンサイズダウン！　ダイエット集中プログラム90分×12回

これならどんな悩みを解決してくれるのか、一目で分かりますね。

メニュー名に必要なのは「格好良さ」でも「何をするか（技術名）」でもなく、「どう変われるか」なのです。何をするかについては、メニューの詳細ページに記載し、そちらを見てもらうようにしましょう。

美肌、美顔などと言ったあいまいな言葉も使わないようにします。シミならシミ、ニキビならニキビ、ほうれい線ならほうれい線など、専門性に特化しましょう。「キレイな肌になれます」よりも「ニキビ肌が綺麗になる」「ほうれい線が目立たなくなる」のほうが、切実な悩みを抱えているお客様にとっては魅力的に映ります。

そもそも「美肌・美顔」という言葉に反応するのは、既にある程度キレイか、トラブルのない肌を持っている方です。ひどいニキビで悩んでいる方は「美肌」と言われても、自分とはかけ離れた世界のことだと感じてしまいます。それよりもまず、ニキビを何とかしたいのです。

メニュー構成を考えるには、専門性がしっかりと定まっている必要があります。もし悩んでしまったら、もう一度、Chapter 1に戻って専門性について考えてみてください。

8 ブログに次々と人が集まる方法

ブログがある程度形になってきたら、お客様にあなたのブログを見つけてもらうための工夫をしていきましょう。具体的には、**「キーワードを意識した記事作成」**です。

キーワードとは、ネットで何かを調べる時に、ユーザーが検索窓に入力する言葉を指します。このキーワードを記事のタイトルや記事中の見出しに含めることで、検索結果に表示されやすくなります。悩みを解決したいと考えているお客様が使うであろうキーワードを想像し、その悩みに応える記事を、キーワードを含めながら書いていきます。

検索結果に表示された時に「読んでみたい！」と興味を引くタイトル付けと記事冒頭の文章も大切です。あなた自身が実際にお客様になった気持ちで検索をしてみて、どんなタイトルや導入文なら内容を読みたくなるか、リサーチしてみましょう。

専門外のキーワードから来店につながるケースもあります。

例えば、私が団地サロンをしていた頃、近くに大きな公園があったので、地域のお子様連れで遊べる公園としてブログで紹介したところ、近隣に住む子育て中の女性たちがブログを見つけて来店するようになりました。当時のペルソナは36歳で小学生と幼稚園の女の子のいる女性だったのです。

また、Chapter 1の7でも話しましたが、横浜駅前サロン時代のペルソナ「銀子さん」のモデルになったお客様は、バレンタインの時期になるとBVLGARIのチョコレートを持って来店するのが恒例でした。そこで、そのことを記事にすると「BVLGARIのチョコレート」で検索した方が偶然私のブログを見つけて「ちょうどダイエットしたかったのよ」と来店されたこともありました。

膝の痛みと体重について書いた記事を見つけた方が「膝の痛みから解放されるにはダイエットが必要なんだ」と気付いて来店されたこともあります。

このように、地域の情報やターゲットとするお客様の好みや悩みに合わせた情報も記事にしていくと「今、サロンを探している訳ではないけれど潜在的に悩みを抱えているお客様」に、あなたのサロンを見つけてもらうことができます。

9 SNSからブログへ誘導する効果的な方法

SNSもブログへの入り口として活用していきます。お客様の興味・関心のある内容や写真を投稿しながら、プロフィールや投稿の中にブログのURLを提示して誘導します。SNS内で検索する方も増えているので、ハッシュタグも有効に活用します。ハッシュタグとは、投稿の最後に **「#○○○（#は半角）」** という形で追加する言葉で、**「#ニキビ」「#ニキビ跡」「#エステ」「#エステサロン」** などです。

投稿内にハッシュタグを入れておくと、SNS内で検索された時に見つけてもらいやすくなります。誰も使っていない、検索されないオリジナルのハッシュタグでは意味がないので、実際に検索してみて、よく使われているハッシュタグや関連して使われることの多いハッシュタグをチェックするようにしましょう。

SNSの機能はそれぞれに違いがあるので、その特性に合わせた工夫も必要です。

Instagram は写真や動画が投稿の先頭に大きく表示されるので、インパクトのある写真や動画で興味を惹くことが重要になります。例えば、施術前と施術後の違いが一目瞭然の写真を載せ、効果をアピールするなどです。ガサガサだった足のかかとがこんなにきれいになった、体重がこんなに減った、O脚が改善し両ひざの間に隙間がなくなったというように、お客様の理想を映し出す写真を使い、お客様に希望をもってもらえるものにします。
ただし、投稿の中にブログのURLを記載することはできないので、プロフィールの中に記載しておき、お客様が「投稿↓プロフィール↓ブログ」へとジャンプしてくれる導線を作ります。

投稿の中に「ご予約希望の方はプロフィールのURLブログ内ご予約フォームよりお願いします」などの言葉と共に、アカウントIDを記載してタップ（クリック）を促す。

ユーザーがアカウントIDをタップしてプロフィールへジャンプ。

プロフィール文の中に、「ご予約、詳細・お問い合わせはこちらから」などの

誘導文と共に、ブログのＵＲＬを記載しておく。

最近はInstagramの「ストーリーズ」を見る方が増えているのでぜひ活用しましょう。ストーリーズは24時間経つと消去されるスライドショー形式で写真や動画を投稿できる機能です。「ハイライト」という機能を使うと24時間経過後もプロフィール上に常に表示させることができます。

Facebookは投稿の中にブログ記事のＵＲＬを貼ることができますから、投稿の中で記事の内容に触れてからブログへ誘導するようにします。ただし、個人アカウントでブログのＵＲＬを貼り付けるとリーチが下がる（友達のタイムラインに表示されづらくなる）傾向があるので、まずサロンの「Facebookページ」にブログをアップしてから個人アカウントの「ストーリーズ（Instagramのストーリーズと同じ機能）」やタイムラインでシェアすることで予約につながるケースが増えています。

どちらの場合も、ＳＮＳでは「どういうこと？　気になる！」と感じて投稿からブログへジャンプしてもらうことが目的ですから、**投稿の中ではすべてを語らず「もっと知りた**

い」と感じてもらえるような文章を工夫しましょう。

ここで1つ、覚えておいてほしいことがあります。

SNSは多くの人にスピーディーに認知してもらうには非常に有効な手段ですが、変化が早いため、それ「だけ」に依存していると安定した集客が難しくなります。

新しい媒体が次々に生まれては消えていて、現在、集客に有効な媒体とされているInstagramやFacebookがこの先もずっと使えるとは限りませんし、新たな媒体が台頭する可能性もあります。また、既存媒体の仕様も変化が激しく、それに合わせてノウハウも日々変化している状況で、現在有効な方法が明日には使えなくなることもあり得るのです。

この変化に振り回されないためには、**SNSはあくまでもブログへの入り口**と捉えて、核となる**ブログをしっかり育てておく**と共に、**Googleマイビジネスも合わせて活用**する必要があります。

どんな媒体が現れても、どんなに仕様が変化しても共通してやるべきことは、それぞれの媒体の機能や特徴をよくリサーチした上で「どうしたらターゲットとなるお客様に見つけてもらえるか？」を工夫していくこと、変化に対応できるよう常にアンテナを張っておくことです。

Chapter 2

10 運営しやすい予約方法を決める ～電話、フォーム、即時予約システム

予約や問い合わせの受付は、Chapter 2の6で解説した予約フォームの活用をお勧めします。

電話で受け付けている個人サロンも多いのですが、施術中に電話応対をしていると、その間、施術中のお客様を放置することになるため避けたいです。かといって電話に出なければ、電話をくれたお客様に掛け直す手間を取らせることになります。初めてのお客様の場合、勇気を出して電話をしたのにつながらないと、それだけで気持ちがくじかれてしまうこともあります。

また、電話だと記録が残らないため、後で「言った・言わない」のトラブルにつながるリスクもあります。

その点、**フォームなら空き時間にチェックして返信することができますし、メールでのやりとりになるので記録が残ります。**

お客様が増えて、少し経済的に余裕が出てきたら、月額1万円ほどで利用できる**「即時**

予約システム」も便利です。例えば、カミングスーンやリザービアなどがあります。大手クーポンサイトで、サロンの空き状況一覧から予約できる仕組みがありますね。その予約システムの部分だけを利用するイメージです。

予約が入れば空き状況が自動的に更新されるので、自分で最新予約状況のページを修正する必要がありませんし、リアルタイムに反映されるので予約希望日の重複も起こりません。自作のフォームから予約を受ける場合は、必ずこちらで確認をした上で予約確定の返信をしなければなりませんが、それが自動化されるのでかなりの効率化になります。

ここで、大手の有料クーポンサイトへ登録するという選択肢も出てくると思いますが、掲載料・手数料がかかることや割引クーポンなどで価格競争に巻き込まれることを考えると得策ではないと考えています。集客力のない状態でクーポンサイトに依存しても売上にはつながらず、赤字になるケースも非常に多いのです。

広告費を掛けて大手クーポンサイトを使わなくても予約で一杯のサロンは作れますから、まずは自分自身で「集客力」を身に付けましょう。

11 レビューをコントロールすると予約が入るサロンに生まれ変わる

ここで言うレビューとは、ブログに掲載するお客様の声や、Googleマイビジネスのクチコミのことです。

「人が人を呼ぶ」と言いますが、飲食店でもお客様が一人もいないお店より、いつも賑わっているお店のほうが入りやすいですよね。ブログやGoogleマイビジネスなど、ネット上の媒体も同じです。お客様の声やクチコミを集めて、お客様の存在を感じられる媒体を作っていきましょう。そうすれば、**ネット上でも「人が人を呼ぶ」状態を作り出すことができ、新規の予約が入りやすくなります。**

さらに、専門サロンとしての魅力が高まるよう、レビューの内容をコントロールすることも大切です。詳しくは、Chapter 1の10の「体験モニターでの感想のもらい方」を参考にしてください。

こちらから声をかけた体験モニターに比べて、自分自身で調べてサロンにやってくるお客様は悩みも切実で、取り組み方も真剣です。その分、成果が表れた時の感動も大きく、熱のこもった生々しい感想をもらえることが多いです。体験モニターだけでなく、多くのお客様からの熱い感想を掲載して、サロンの魅力を高めていきましょう。

Googleマイビジネスのクチコミは、お客様が直接ネット上に書き込む形になりますが、ニックネームやイニシャルなど実名以外でも投稿できますので、積極的にお願いしてみてください。もし、操作が分からない方がいらっしゃったら、あらかじめ操作方法をプリントアウトしてお伝えするのもよいでしょう。また、クチコミをもらったら必ず返事を書くようにします。

こちらが望む内容を書いてほしいとお願いすることにためらいを感じる方も多いですが、お客様が本当にサロンとあなた自身のファンであれば、喜んで協力してくれるものです。そのためには、日頃の接客において快く協力してもらえるような信頼関係を築いていきましょう。詳しくは、次のChapter 3で解説していきます。

ここで、批判的なクチコミやクレームを恐れて頼めないというのは問題です。

多くのお客様は、不満があっても何も言わないまま「もう二度と行かない」という結論を下してしまいます。それをあえて伝えてくれるのは、問題点を改善するチャンスを与えてくれるということ。とてもありがたいことだと受け止めてください。

クレームに遭遇しないためにクチコミを避けていても、サロンの問題点が消えるわけではありません。むしろ目を逸らしている間にどんどんお客様を失っている可能性が高いのです。そんな事態は避けたいですよね。

ここで、クレームが起こった時の対応について触れておきます。

①詳しくヒアリングする

まずはお客様の不満をすべて受け止めます。時間が経てば経つほどこじれますから、対面ならその場で、メールやクチコミならばすぐに電話をして話を伺います。

②至らない点をお詫びする

事情がどうであれ、お客様は不満を感じたのですから真摯にお詫びをします。何を言っても言い訳になり印象を悪くするだけですから、反論は一切しません。

③可能であれば、改善案を伝える

マイナスをプラスにすることはできなくても、ゼロにすることはできるかもしれません。当たって砕けるつもりで、改善案を伝えます。

④感謝を伝える

1人の人が思うということは、他の人も同じことを思っているはずだと考えます。ですから、わざわざ伝えてくれた人はありがたい存在です。サロンがより良くなるための気付きを与えてくれた人なのですから、心からの感謝を伝えます。

対応次第では、クレームをつけたお客様が最高のファンに変わることもあります。恐れずに感謝の気持ちを持って向き合ってください。そして、同じクレームが二度と発生しないように行動することで、あなたのサロンはさらに良くなっていきます。

レビューをコントロールしながら、批判的な声もサロン作りに生かして、新規予約がどんどん入るサロンに生まれ変わっていきましょう。

Check This!

新しい時代のサロン経営に必要なこと

震災やパンデミックといった世の中を震撼させる出来事が起こると、自粛せざるを得ない場面が多々あります。ＳＮＳやネット上などでも様々な意見が飛び交うため、不安になったり発信しづらくなったりすることもあるでしょう。

ですが、自粛することと発信を止めることはイコールにはなりません。もしも、発信しづらい場面がやってきたとしても、そんな時こそメニュー表の見直し、アクセス地図の確認、店内の動線、整理整頓や細かい清掃を丁寧に行いましょう。立ち止まるよりも自分が今できる目の前のことに取り組んだほうが精神的にも健全です。

それに発信し続けることは、信頼にもつながります。あなたじゃなければ伝わらないことがあり、あなたの言葉だからこそ心が動く人がいて、あなたの技術によって救われる人がいます。これらのことをしっかりと胸に刻んでください。そして、あなたのことを待っているお客様に届けられるよう、足を止めずに進んでいきましょう。

Chapter 3

初回来店の接客がリピートを左右する

1 初回来店時にリピートを決定づける方法

SNSやブログであなたのサロンを見つけて来店したお客様が、2回目以降も来店されるかどうかは、初回来店時の接客にかかっています。

まず、**初めてのお客様が来店されたら必ず、道に迷わなかったかどうか尋ねてください。**

ここで、少しでも分かりづらかったという言葉が出たら、3日以内にアクセス地図の該当箇所を修正します。自分では「分かるだろう」と思って作った地図も、サロンの場所をまったく知らない方から見ると迷う箇所があるものです。お客様の声を参考にしながら、**誰が見ても迷わず来店できるよう、アクセス地図の精度を上げていきましょう。**お客様のストレスをなくせますし、後々の手間を省くことにつながります。

貴重品は必ずお客様の目の届く場所に保管します。バッグ類はカゴなどに入れて傍に置いておくと思いますが、意外と見落としがちなのが上着です。ポケットにうっかり貴重品を入れていることも多いので、上着も必ずお客様の視界に入る場所に保管します。冬場なら、暖房の風が当たる場所に掛けておくと、お帰りの際に暖かい上着を渡すことができます。

カウンセリングシートを書いてもらったら、終了時間を伝えましょう。お客様は貴重な時間をやりくりして来店されます。サロンでの施術を終えた後も予定があるかもしれません。何時頃にサロンを出られるのかをきちんと伝えて、その時間よりも遅れることのないようにしましょう。

リピートを決定づけるために大切なのが、施術に入る前のクロージング（新規のお客様が来店後に次の予約をとること）です。通常、クロージングはアフターカウンセリングで行うものと思われがちですが、個人サロンでは特に、施術後にしつこく勧誘されるのではと不安に感じているお客様も多いようです。2回目以降の予約については最初に伝えておきましょう。

クロージングと言っても、こちらから「やりましょうよ」「通い続けましょうよ」と強く押すことはしません。あくまでも決定権はお客様にあること、強引な勧誘はしないことを伝えてお客様の不安を取り除きながら、2回目以降の来店について考えてもらうようにします。

具体的な施術前のクロージングトークの例は、次のとおりです。

このようなサロンに来られたことはありますか?

（話の切り出し。答えはどちらでも良い）

このようなお店に来られると、通い続けなければならないと思われる方がたくさんいらっしゃいますが、当サロンはそのようなことはございませんのでご安心ください。

これから施術、カウンセリング、アドバイスなどを90分かけて行っていきます。

それらがすべて終わった時点で

・通い続けられるかな、と思われた場合は次回の予約を取ってお帰りください。

・いったん帰って考えたい、ということであれば、ネットから予約をお取りください。
・また、今日は体験だけ、ということであれば、これから私がアドバイスする内容を日々の生活の中に取り入れてお過ごしください。
こちらから「やりましょうよ」と勧誘することはございませんのでご安心ください。
では、始めます。

このように最初に伝えておくことで、お客様は無理な勧誘がないことが分かって安心し、施術を受けながら、このサロンに通い続ける価値があるかどうかを見定めることができます。決定権をお客様に委ねるのは不安かもしれませんが、あなたの施術やカウンセリング、接客の内容に満足し、**「ここに通えば悩みを解決できる」**という期待感を持てれば、帰り際にお客様のほうから次の予約を取りたい、と言ってくれるものです。
逆に、どんなにクロージングトークを研究したところで、満足感、期待感を持てなければばリピートされることはありません。強引な勧誘はお客様にとっては不快なだけですから、決して押さないようにしましょう。

実際にこのクロージングトークを取り入れてリピート率がアップしたサロンも多いですから、ぜひ取り入れてみてください。

2 通った場合、通わなかった場合、両方の未来を伝えてリピートを必然にする

施術前にクロージングを行うことにより、お客様はサロンに滞在している間「このサロンに通い続けられるか？」と頭の中で考えることになります。そこで、通い続けるという結論を出してもらうために必要なのが「このサロンに通い続けたらこんなふうになれる」という未来への期待感と「通わなければこうなってしまう」という危機感です。

この２つを印象付けることで、悩みが深いお客様ほどリピートが必然になります。

未来を伝える時は、「痩せます」「肌がきれいになります」「体が楽になります」といった漠然としたものではなく、具体的な悩みやサロンに行こうと決めたきっかけに焦点を絞りましょう。

太っていることも肌トラブルも肩こりも、ある日突然起こるのではありません。「なぜ今、来店されたのか」。そこには必ずきっかけがありますので、ヒアリングで聞き出します。

例えば、子どもの卒業式に手持ちのスーツが入らない、ニキビを隠すための髪型について友人から傷つく言葉を言われた、といったきっかけを聞き出し、それに関連した未来を伝えるようにします。

お客様の悩みや来店のきっかけを聞き出したら、**通うとどのくらいの期間でどうなれるのかを具体的に伝えていきます**。体験モニターや他のお客様の事例、ビフォーアフターの写真などを活用して視覚にも訴えましょう。

この時、似たシチュエーションのお客様の事例を出すと、より効果があります。

例えば、「卒業式のスーツが着られなかった人が○カ月で着られるようになったんです」「あるお客様は○カ月でニキビが気にならなくなり、お化粧も楽しめるようになりました」

など。

自分に近い状況にあった人が悩みを解決した事例を見たり聞いたりすると、より「自分事」に感じて心が強く動きます。

通った場合の未来を描いて期待感でワクワクしてもらったら、同時に通わなかった場合の未来も伝えます。

例えば、このまま体重が増えたら、さらに洋服のサイズが大きくなってしまうことや、肌の乾燥が今よりももっと進んでしまう可能性があること、悩みを抱えたままの生活がずっと続くことなど。危機感を抱いた時のほうが人は真剣になれます。お客様のためと思って伝えてください。また、これらも実際にあった事例などを交えると効果が高まります。

伝えるタイミングは施術前のカウンセリングと施術中の雑談の中です。施術後は勧誘だと思われやすいため、ここで長話をするのは逆効果です。継続を促すための売り込みと受け取られる可能性もありますし、最初に伝えた終了時刻を超えるのも印象が良くありません。施術が終わるまでの間に、自然な形で伝えましょう。また、具体的な未来についての話は、初回だけでなくリピートのお客様にも定期的に伝えることで、飽きを感じたりモチベーションが下がったりしてしまうのを防ぐことができます。

お客様の心に響く未来を伝えるには、お客様のことを深く知る必要があります。いつ頃から悩んでいたのか、その悩みがあることで具体的に何が辛いのか、解決したい理由は何なのか、来店を決意したきっかけは何だったのか、悩みを解決したらやりたいことはあるのか。

プライベートなことをあれこれ聞き出すのは失礼にあたるのでは、と不安に感じるサロン経営者も多いですが、そんなことはありません。

人は、一方的に話を聞かされるよりも、自分の話を聞いてくれる人に好意を寄せる傾向があります。人に言えない悩みを親身になって聞いてくれ、一緒に解決に向かって考えてくれる存在に信頼と好意を寄せやすいのです。

お客様という一人の人間に興味を持って、聞き上手になりましょう。取り調べのような機械的なヒアリングではなく、大切な人に向かう気持ちで対話をしてください。最初は硬い表情をしているお客様であっても、徐々に口数が増え、和やかな表情になるはずです。

そして、あなたに信頼を寄せ、未来への期待と危機感を感じたお客様は、「このサロンに通ってみよう」と決断し、帰り際に次回の予約を取りたいと言ってくれるでしょう。

Chapter 3

3 ファンを増やすなら、施術中は寝かせないのが鉄則

前節で、お客様は未来への期待感と危機感、そしてあなた自身を信頼することでリピートを決意するとお話ししました。ここからは、お客様があなたを信頼する、つまりあなたのファンになってしまう「接客」についてお話しします。

技術の高さをアピールしているサロンはたくさんあります。けれど、お金を払って施術を受ける以上、お客様にとって技術がしっかりしているのは当然のことです。それだけでは他のサロンと差別化することはできません。

「このサロンでなければ」とお客様に感じてもらうためには、あなた自身が魅力的である必要があります。特に**個人サロンの場合、お客様は「人に付く」**ということを忘れないでください。サロンに行く理由の1つに「あなたに会いたい」が加われば、どんなに競合サロンが増えたとしても、あなたのいないサロンに行く理由はなくなるのです。

そして、ファンになってもらうために重要なのが、施術中の雑談とお客様目線に立った気配りです。

よくある勘違いとして「お客様が施術中に眠ってしまうのは気持ちよく癒されている証拠だから、寝かせることが満足につながる」というものがあります。このように教えている技術スクールも多いですが、私の見解は少し違います。

確かに、中には施術中は静かにしてほしいというお客様もいます。けれどそれは、お客様の様子を見て察すれば良いことです。基本的には、**施術中はお客様との信頼関係を築く大切な場ですから、寝かせてしまうのはもったいない**と考えてください。

あなたのファンになり「また、この人に会いたい」と感じてもらうには、カウンセリングやアドバイスだけでなく雑談も大切な要素なのです。

次節からは、ファンになってもらうためのコミュニケーションについて具体的に説明していきます。リピートで一杯になるサロンを作るために、初回だけでなく2回目以降のお客様にも徹底するようにしてください。

4 共通点はいくつある？　お客様との雑談でリピートへつなげる

雑談と言っても、誰とでも話せてしまう天気の話では、ファンになってもらうことはできません。いつも天気やニュースの話だけで終わってしまう方は、**「絶対に天気の話だけはしない」**と決めて接客をしてみてください。

ここで、何を話したらいいのか？　と迷ってしまうなら、**まずはお客様とあなた自身の共通点を見つけることからスタートしましょう。**

子どもはいるのか？　いるとしたら何人で何歳くらい？　ペットは飼っているか？　飼っているなら名前は？　好きな芸能人やテレビ番組は？　趣味は？　学生時代にやっていた部活動は？　出身地、出身校は？　長女？　それとも末っ子？　一人っ子？　星座は？　血液型は？　好きな食べ物、嫌いな食べ物は？　仕事はしているのか？　しているとしたらどんな仕事？　など、ポイントはたくさんあるはずです。

中には、お客様が怖くて話を切り出せない、というサロン経営者もいますが、そういう時は、「今日は、お客様を好きになれるポイントをいくつ見つけられるだろう?」と考えながら出迎えてみてください。まずは、自分からお客様に関心を寄せることで、出迎えの時に緊張しなくなったという方も多いのです。

会話だけでなく観察することからも、共通点は見つけられます。来店した際、上着を預かる時や靴を揃える時にブランドをさりげなくチェックしたり、お客様の服装や持ち物、メイクから好きなデザインや色を知ったり。アンテナを張っていれば、たくさんのことに気付くはずです。その中からあなたとの共通点を見つけ出して、コミュニケーションをとってみましょう。共通点を持つことで話が広がり、お客様の緊張もほぐれていきます。あなた自身も、会話がしやすくなることに気付くでしょう。

もしも、**共通点が何も見つからないのであれば、相違点を見つけて話に広がりを持たせるのも一つです。**例えば、意外な趣味があったとしたら、好きになったきっかけや趣味の楽しさについて興味深く聞いてみましょう。その趣味を通してお客様の新たな一面が見つかり、一気に距離が縮まるケースもあります。

こうして見つけた**お客様の情報は、忘れないようカルテにメモをしておいて2回目以降の接客に生かします。**カルテには、施術やカウンセリングの内容だけでなく、施術中の雑談に出てきた子どもやペットの名前、結婚記念日、家族構成、好きな物など、生活背景まですべて書き込んでおきましょう。書き込みたいことがどんどん出てくるような雑談を心がけることも大切です。お天気の話だけで終わったり、寝かせてしまったりするなんて、もったいないことなのです。

人は、「何気なく話したことを覚えていてくれた」と感じると嬉しくなりますし、もっと話したいと思うものです。次の来店時に「この間の続きなんだけど」と早く話したくて仕方ないという様子が現れたら、あなたとの会話を楽しんでいるという証拠。

楽しんでもらうには根掘り葉掘り聞くだけでなく、会話のキャッチボールも必要となります。コミュニケーションの目標は、「あなたに会いたい」「あなたと話したい」と思ってもらうことです。

たくさんのサロン経営者と話していると、多くの方が「あまりにもお客様のことを知らない」ということに驚きます。通っている交通手段くらいしか知らない、という方が非常に多いのが残念でなりません。

前節で、お客様がサロンに通う理由の一つに**「あなたに会いたい」**が加われば、どんなに競合サロンが増えたとしても、あなたのいないサロンに行く理由はなくなる、と話しました。そのような状態になるには、お客様があなたに対して「この人は私のことを理解してくれている」「私に好意を持って大切にしてくれている」と感じることが必要ですが、そのためにはあなたのほうからお客様に興味を持ち、大切に思い、さらにその気持ちを表現しなければなりません。行動はあなたから起こす必要があるのです。

まずは第一歩として、お客様を好きになれるポイントを見つけ出すことから始めてみてください。見つけ出したポイントを接客に生かす具体的な方法は、次節で解説します。

5　2回目以降の来店客を長期顧客に育てる接客

新規集客ばかり頑張っているサロンが多いですが、月に2～3名の新規予約が入るようになったらすぐに取り掛かるべきなのは「リピート顧客が通い続けたくなる仕組み作り」です。もちろん、長期コース契約などのメニュー化も大切ですが、その前にもっと大切なことがあります。

前節で、施術中の雑談の中で見つけたお客様の情報をカルテに記載し、それらを2回目以降の接客に生かすと話しました。これこそが、通い続けたくなる仕組みです。

次に、実際に効果があった具体的な事例を挙げていきます。

①お客様の持ち物をチェックし、好きなメーカーやブランドを知る

お客様の靴を揃えたり、上着を預かったりする際に、さりげなくブランドやデザインをチェックします。会計の時には財布やバッグなどもさりげなく見てお客様の好みを知っておきましょう。隙間時間を見つけてその洋服ブランド店に足を運び、「似合いそうだな」

と感じた新作があったらショップスタッフの許可を得て写真を撮ります。その写真を、ご来店時に「先日、○○ショップに立ち寄ったら、○○様に似合いそうな新作を見つけたんです。ぜひお見せしたくて写真を撮らせてもらいました」と言って見せるのです。

「なぜ私の好きなブランドを知っていたの？」と、驚きと嬉しさで表情が変わるケースを多数見てきました。

②お客様の好きなドラマを観る、勧められた店に足を運ぶ

お客様の好きなドラマを観て共通の話題作りを行うと、一緒に笑い合えますし距離も縮まりやすくなります。

また、お客様からお勧めの店を教えてもらったら、近隣店舗であれば必ず足を運びます。遠方の場合は、旅行で行く機会があれば必ず立ち寄るようにしましょう。次回、お客様が来店した際には、感想を具体的に伝えると喜ばれます。

前節で話した「共通点」が見つからない場合にも、こうして歩み寄ることで共通の話題を生み出すことができます。

③お客様の大切な日を大切に扱う

お客様の結婚記念日やご家族の誕生日には、お客様好みのミニギフトを用意します。個人的な記念日を覚えてくれていること、自分の好みを知り、自分だけのために選んでくれたことにお客様はとても感動します。ご家族の話題では、「息子さん」「お嬢さん」「ワンちゃん」などではなく、必ず「ゆうちゃん」など名前で話すよう心がけましょう。

これらはほんの一例ですが、すべてに共通するのは**「お客様への興味を態度で示し、喜ばれることを考える」**という姿勢です。そして、これらを実践するために必要不可欠なのが「お客様の情報」であり、お客様の情報を引き出す大切な場が「施術中の雑談」なのです。一度、あなたのサロンのカルテを見返してみてください。お客様に何をプレゼントしたら良いか分からない、お客様の喜ぶことが分からないという場合は、まだまだお客様について知ることができていないのだと考えましょう。

「面倒だ」「そこまでするの?」と感じたかもしれません。

けれど、人は自分に関心を寄せてくれる人が好きなのです。自分が話したささいなことを覚えてくれていると、自分が大切にされていると感じて嬉しいのです。「サロンにいない間にも自分のことを考えてくれていた」と感じると、感動して幸せな気持ちになります。その結果、「自分のことを誰よりも良く知ってくれているのはこの人だ」と信頼を寄せ、「他の人じゃダメなのよ」「あなたでなければ」と言ってくれるようになるのです。

それこそが、「あなたのサロンに通い続ける理由」になります。

騙されたと思ってやってみてください。間違いなく、お客様のあなたに対する眼差しが一瞬で信頼や好意に変わるのを感じられるはずです。必ず、ファンになる方が現れます。

これを一度経験すれば、もはや義務感はなくなり、あなた自身も楽しみながら動けるようになるはずです。そして気が付けば、リピート率が上がり「(あなたに)会いたかった」と言いながら来店されるお客様が増えていることでしょう。

ただし、念を押しておきますがここで話したことは、「確かな技術、丁寧な接客、居心地の良い空間」が当たり前にできた上で実践するからこそ、効果があります。忘れないでください。

6 アドバイスをし過ぎないことがリピート客を増やす

ここでは施術後のアドバイスについて触れたいと思います。

どんな悩みであれ、サロンで施術を受けるだけでなく日常生活も改善したほうが解決につながりやすいのは間違いありませんし、適切なアドバイスはお客様にも喜ばれます。けれど、「アドバイスは多ければ多いほど満足につながる」と考えていたなら、ちょっと待ってください。

そもそも、お客様の感覚とサロン経営者の感覚は違います。プロである私たちにとっては日々息を吸うようにできることでも、素人のお客様にとっては簡単ではないのです。それを**一度にたくさん伝えられても消化し切れるものではありません。**

さらに、一度にすべてを伝えてしまうと、お客様は「（サロンに来なくても）自分で何とかできそうだ」と錯覚してしまい、来店しなくなります。けれど前述した通り、すべてのアドバイスを一人で正しく実践するのは難しいもの。結局、お客様はサロンに通うことを辞めてしまい、かといって一人では結果も出ないのです。これでは、お客様のためになりません。

アドバイスをし過ぎて時間が長引くのも問題です。貴重な時間をやりくりして来店されているお客様もいますから、帰りが遅くなるのは迷惑になってしまいます。さらに、一方的なアドバイスを延々と聞かされるのは苦痛でしかありません。

例えば、60分の施術なのにアドバイスが多過ぎるあまり、3時間も拘束されたらどうでしょうか（実際によくあることです）。お客様の立場ならうんざりですね。けれど、施術者側は「お客様も喜んでくださったに違いない」「やり切った」と思ってしまいがちです。これは、自己満足以外の何物でもありません。

このように、お客様の本当の気持ちを察することなく自己満足に陥ることを私は「ジャイアン現象」と呼んでいます。ドラえもんの中に出てくるジャイアンは、よく「俺様の歌を聞かせてやるぜ」と近所の子どもたちを無理やり集めてリサイタルを開きますね。けれど、ひどい音痴な上に大声なので聞く側の子どもたちは苦痛で仕方ないのです。ジャイアンは、そんなことにはまったく気付かず、皆が喜んで聞いていると信じて良い気分になっています。

アドバイスをたっぷりして「お客様も喜んでくださったに違いない」と思い込んでいる施術者は、まさにジャイアンと同じ状態です。

アドバイスだけでなく施術も同じです。サービスして多めに施術すれば喜ばれると勘違いしている方も多いですが、お客様にとっては予定が狂うので嬉しくはありません。その気持ちを無視してジャイアンになってしまうと、お客様は足が遠のいてしまいます。

多くのお客様は、不満を感じても口に出すことはしません。態度に出さず心の中で「もう行かない」と決断してしまいます。あなたのアドバイスに対して「そうなんですね、やってみます」と前向きな反応をしてくれたとしても、張り切って過剰なアドバイスをしないよう注意しましょう。私がサロンを経営していた頃も、スタッフが「話し過ぎました……」と言ったお客様は、来店されなくなることが多かったのです。

アドバイスは、「次に来られるまでにこれだけをやってみてください」と、1~2個伝えるくらいがちょうどよく、お客様もパンクすることなく実践できます。こうして少しずつできることを増やしていくほうが、消化しきれない量を一度に伝えるよりも結果につながりやすくなります。

さらに、帰り際に「もう少し聞きたかった」くらいの気持ちになるほうが、次の来店を楽しみにしてもらえます。食事と同じで、「もう少し食べたかったな」くらいがちょうどよいのです。


サロン経営者が「ジャイアン」になってしまうと、お客様は静かに離れてしまいます。

これを避けるためには、お客様のためと思ってやっていることが本当に喜ばれているのか、冷静になって考える必要があります。施術やアドバイスに限らず、サロン経営のあらゆる場面で「本当のお客様目線」を意識するようにしてください。

7 「プレイボーイ」になってお客様をファンにする

私はよく、サロン経営者に「プレイボーイになれ」と話します。多くの女性たちの心をつかみ、ファンにさせてしまうプレイボーイの魅力とは一体どこにあるのでしょうか。

会った瞬間に、

「あれ、髪型を変えたね、とても素敵だよ」

「今日の洋服、とても似合ってるよ」

こんなふうに、ちょっとした変化に気づいて褒めてくれると嬉しいものですよね。プレイボーイは女性の変化に敏感で、褒め上手です。そして、Chapter 3の5で話したような細かい心遣いも得意です。

自分のちょっとした変化に気づいて褒められると、「もっと綺麗になろう」と意欲が湧いてくるはずです。そんな男性がいたら、早く会いたくなりますよね。

さらに、プレイボーイは優しいだけではありません。会話も楽しく、感動するような心配りをしてくれるかと思えば、自分のことを真剣に思った言葉もかけてくれる。そんなメリハリも魅力の一つです。

サロン経営者も、プレイボーイを見習ってみましょう。**お客様の変化に気づいて褒める、お客様の好みを覚えてさりげなくプレゼントを贈る、自分に好意を持っていると感じさせてくれる。雑談では楽しく、でもカウンセリングやアドバイスでは真剣に指導してくれる頼りになる存在。**同じ目線で友達になるのではありません。緊張感がまったくない関係になってしまうと結果を出すことが難しくなりますから、メリハリをつけることも大切です。プレイボーイは、幼なじみの男友達とは違うのです。

プレイボーイになってお客様をファンにしてしまいましょう。あなたに会うためにやって来るお客様が増えれば、どんな悪条件でも関係なく予約でいっぱいのサロンを作ることができるのです。

Chapter 3

8 予約表の見本は昭和の歯医者さん

予約はできるだけ早く入れてもらうようにします。2カ月先、3カ月先の予約まで入れてもらえれば、毎月翌月の予約状況に悩まされることがなくなるので、サロン経営が安定します。この節では、お客様が「自分から」先々の予約を早く入れてくれるための演出についてお話しします。


予約表の見本は、**「昭和の歯医者さん」**です。

現在は、歯科医院の予約もシステム化されていますが、昭和の歯医者さんの予約表はA3サイズの紙に書き込むアナログなやり方でした。横に日付と曜日、縦に時間を記載し、1日のスケジュールを時間単位で管理するバーチカル（垂直）タイプです。

歯医者さんで次回の予約を取ろうとすると、目の前でこの予約表を忙しくめくるので、こちらも「今日予約しておかないと次の予約が取れなくなる」と焦ったものです。

見本にしたいのはこの「早く予約しなくちゃ」と思わせる演出です。

お客様が予約を取ろうとしたら「えっと、一番早い日程は……」と言いながら予約表を素早くパラパラとめくってみてください。たとえ予約が入っていなくても、です。

こうすると、お客様は「今すぐ取らないと、一杯になってしまう」と焦ります。次のシフトが出ないと予定が決められないという方も、早く取らなければ自分が困ると思うのでシフトが出たらすぐに連絡してくれます。

さらにこの時、

「先々の予定を取る方が多くて、皆さん割と固定されるんですよね。何曜日の何時で何カ月分とか……」と話すと、「じゃあ、私も火曜日の10時で3カ月分とります」と言う方が多くなります。人は周囲がやっていることに倣《なら》う性質があるからです。

システムで予約管理をしている場合でも、画面を見ながら同じように演出できます。

「外部の方がネットから予約を入れると取れなくなるのでここで取ってしまいましょうか」

と話しながら、お客様の目の前で予約を入れましょう。

ちょっとした演出で、他の予定よりも優先して予約を取ってもらえるようになります。

ポイントは「ここは予約が一杯だから、今取らないと取れなくなる」と感じてもらうこと。いつでも取れると思わせてしまうと、サロンの優先順位が下がってしまい、予約が入るのが遅くなります。お客様にはサロンの都合は関係ありませんから、あくまで「自分が困るから」と思ってもらうのです。

予約が少ないうちはA4サイズを横にして1週間を1枚に、予約が増えてきたら用紙を縦にして2週間を1枚に記入できるようにします。印刷したらバインダーに挟んでサロンに置いておきましょう（図4参照）。

お客様の目の前でパラパラと素早くめくる練習をしてみてください。

図4 予約表の見本（バーチカルタイプ）

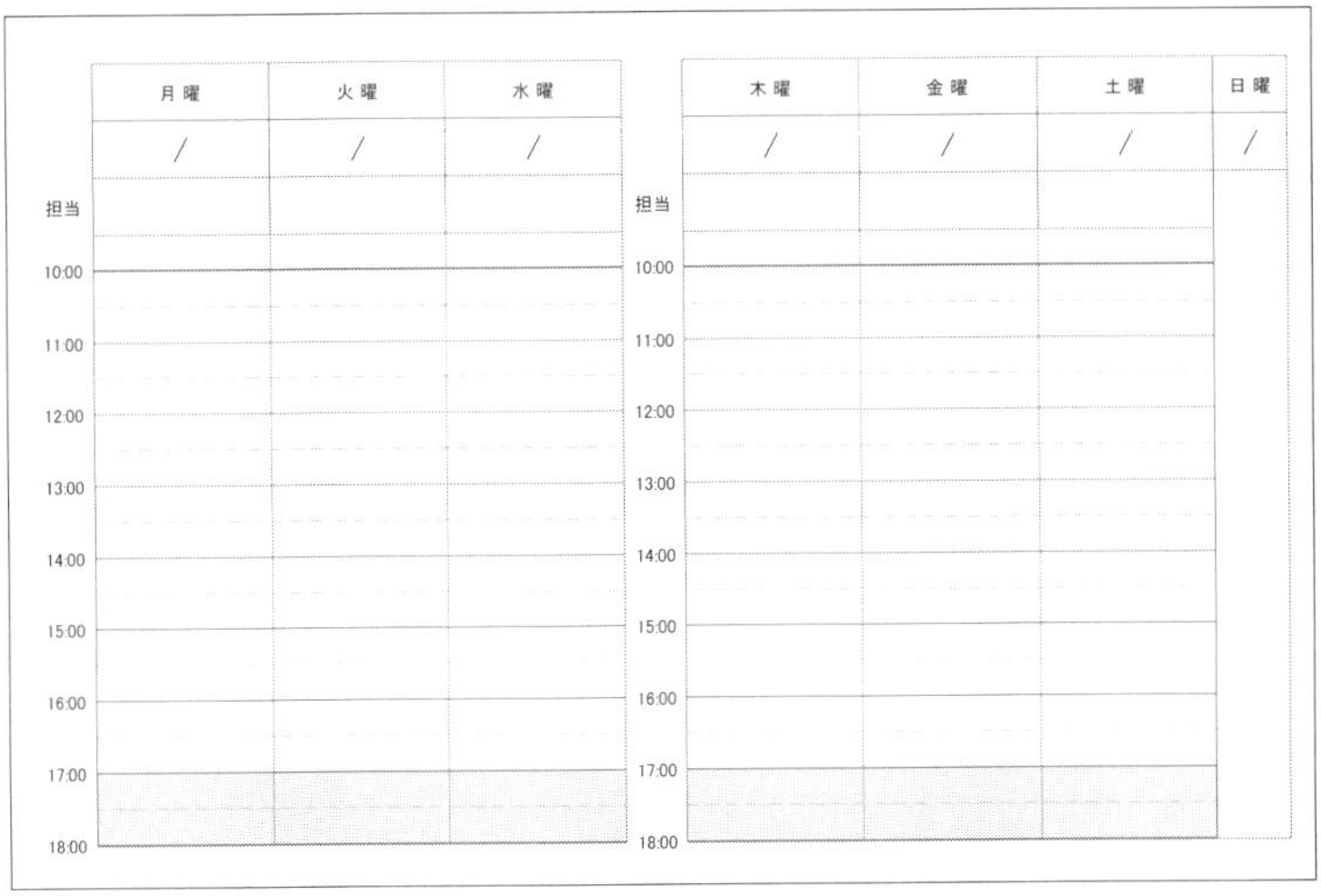

1時間刻みの予約表

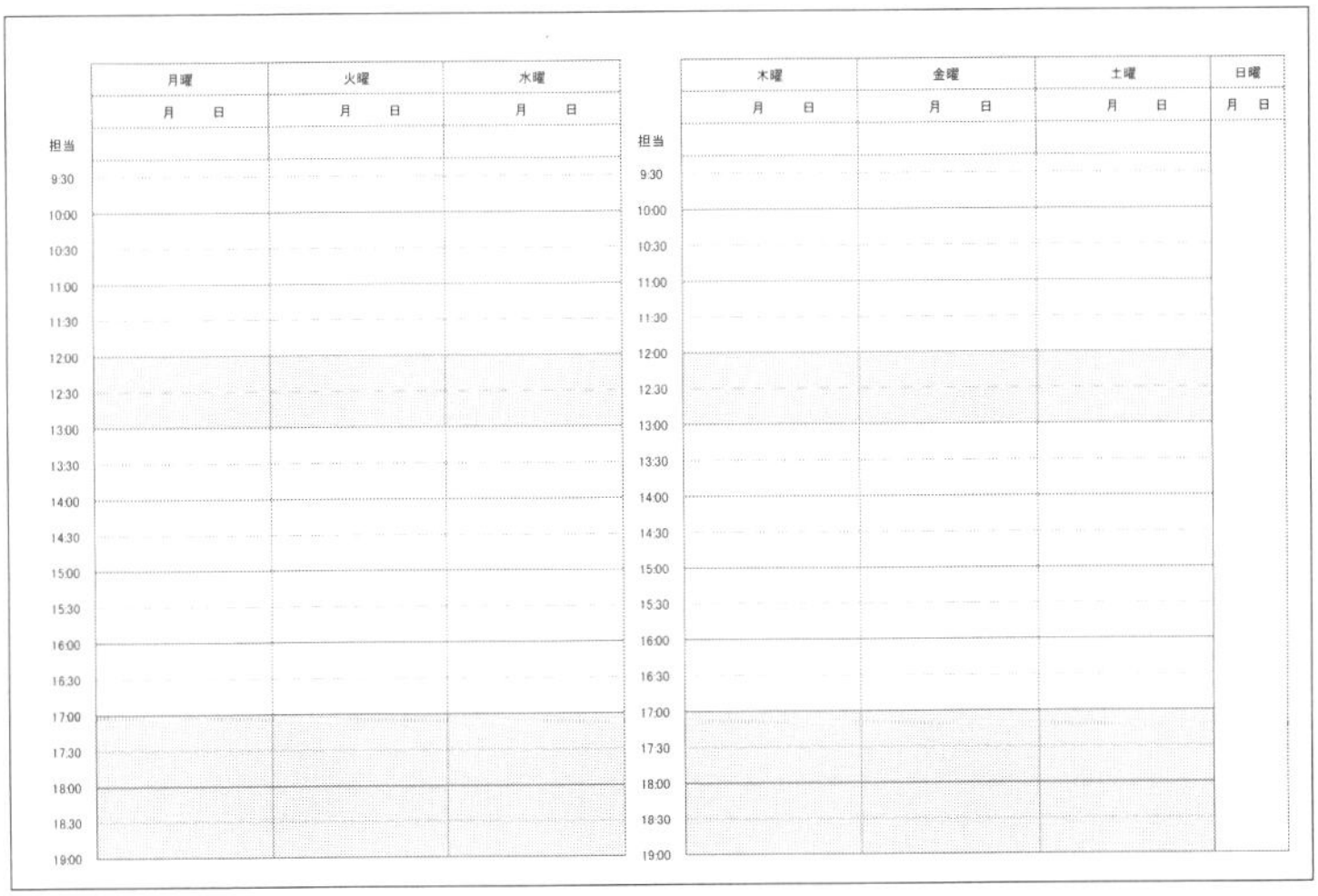

30分刻みの予約表

Check This!

サロン経営者が非常識と言われる理由

「お客様がどうしてもこの日じゃないと来店できない、と言うんです」という理由で、サロン仲間と会う約束をキャンセルした経験はありませんか?

これって、実は自分本位な言葉です。「同じサロン仲間だから分かってくれるだろう」と考えるのは自分だけで、相手はあなたに対して確実に「期待」をしなくなります。どうせ断る人、キャンセルする人というレッテルを貼られてしまうのです。

私は独立してから何よりもお客様優先でした。仕事をする上で、ましてや独立しているのだから突っ走る時期があるのは仕方のないことだと思っていました。もちろん、今もそう思います。けれど、信頼を失うこともあるのだと学びました。断る行為は、場合によって「天秤にかけた結果、あなたのほうが優先順位が低かったのです」と言っているようなものですから。

予定は自分との約束です。サロン経営時代にこれに気付いてからは先約とサロンの予約が重ならないよう気を付けています。万が一重なったとしても、先約を優先します。なぜなら、その時、自分が、自分と約束したのだから。

自分との約束すら果たせない人は、何事もうまくいかないものです。

Chapter 4

くつろぎと信頼を与える
インテリアと身だしなみ

1 プロフェッショナルに見える外見戦略

サロン経営者は専門家でありプロフェッショナルであるべきと伝えてきましたが、どんなに技術や知識が優れていても、自分自身で「プロだ」と思っていても、それだけでは残念ながらプロフェッショナルとは呼べません。なぜなら、プロフェッショナルかどうかを見極めるのはお客様であり、「この人はプロだ」とお客様に認められて初めてプロフェッショナルになれるからです。

そこで、重要なポイントとなるのが**外見構築**です。

メラビアンの法則によると、人の第一印象は初めて会ったときの3~5秒で決まり、またその55%は視覚からの情報であると言われています。つまり、初回来店時の最初の3~5秒、しかも外見の印象で、お客様のあなたに対するイメージは決まってしまうのです。

第一印象で「この人なら大丈夫そう」「信頼できそう」「頼りになりそう」「話しやすそう」と感じた状態からカウンセリングをスタートするか、「頼りなさそう」「素人っぽい」「大丈夫かな？」と感じた状態からスタートするか、どちらが良いかは言うまでもないでしょう。

プライベートならば時間をかけて内面を知ってもらうこともできますが、サロンでは初回の印象が悪ければ二度目はありません。サロン経営者にとって外見がどれだけ重要か、理解できたでしょうか。

実際に、制服や外見を変えただけでお客様の態度が変化した、という事例も数多くあります。来店時の挨拶が「こんにちは」から「よろしくお願いします」に変わった、アドバイスや提案に対して「でも」と言わず、素直に聞いてくれるようになった、など。

外見を「プロらしく」整えるだけで、言葉にまで説得力を持たせることができるのです。

2 自分らしさやこだわりは捨てる

プロとして信頼される外見を構築するには、まずあなた自身のこだわりを捨てる必要があります。「自分がどう見られたいか」ではなく、お客様があなたを見て、専門家として安心できるか、頼りにできるかがすべてだと考えてください。
次に、良くある悪い事例をいくつか挙げます。

・身長が高いから、こういう制服しか着られない
・お尻が大きく見えるから、この制服は嫌だ
・痩せて見られたいから、黒の制服を選ぶ
・顔が大きく見えるから、髪の毛はまとめたくない
・痩せすぎて浮き出た鎖骨を見せたくないから、首元に大きなフリル付きの制服を選ぶ
・自分の性格には、こういう色の口紅は似合わない
・明るい髪色が好きだから、茶髪にしたい

コンプレックスを隠したい、自分の好きな物を身に着けたい、好きな色を使いたい、可愛く見られたい、綺麗に見られたい、スタイルを良く見せたい。これらはすべて自分都合の「ジャイアン」です。プロとしてではなく、一人の女性としてどう見られたいか、に気持ちが向いているのです。

お客様にとっては、あなたの身長が高かろうが低かろうが、お尻が大きかろうが、何色が好きだろうが、どんなこだわりがあろうが、顔の輪郭が大きかろうが小さかろうが、鎖骨が浮き出ていようが、関係ありません。

それよりも、**きちんとした人か、信頼できそうか、頼りになりそうか、相談しやすそうかが大切**なのです。

もちろん、痩身系のサロン経営者が太っていては話になりませんが、だからと言って痩せて見せるために黒の制服を選ぶのは間違っています。黒は威圧感を持たせてしまうことが多いため、着る人を選びます。そもそも、エステティシャンが痩せて見せたいと思うほど太っていることが問題ですから、その場合はまず自分自身のメンテナンスをすることが先決です。

サロン経営者にとっては、自分自身の外見も商品の一部です。

痩身メニューを扱う施術者が太っていたり、ボディメンテナンスの施術者が猫背だったりしたら説得力ゼロであることは言うまでもありません。

まつげエクステやネイルといった美容系サロンの施術者が肌荒れしていたり、髪の毛がパサついていたり、太っていたりするのもＮＧです。なぜなら、施術者の美意識が低いサロンで、美しくなれるとは思えないからです。

さらに、セラピストに多い「化粧をしないことがナチュラル」という考え方も問題です。ナチュラルをウリにすることと、化粧をしないことはイコールになりません。次節で詳述しますが、メイクをしないのはただの手抜きにしか見えないのです。

指先のカサつきも要注意です。どんなに他の部分が完璧でも、指先が荒れているだけで印象は一気にダウンしてしまいます。特に、施術でお客様の体に触れる場合は、荒れた指先は「凶器」になります。プロ意識を持ってケアを徹底してください。

自分が学んだスクールや所属する協会、以前勤務していたサロンの影響を受け過ぎているケースもあります。例えば、協会のネーム入り制服をそのまま着たり、自分の提供するサービスと合わないのに元の職場の制服をそのまま着たりすることなどです。優先すべきは業界の常識よりも、お客様目線。**お客様が描くプロとしてのイメージを壊さない服装をすることによって、第一印象でお客様に安心感と信頼感を与えましょう。**

また、客層によって好感を持たれる外見は変わってきます。20代がターゲットなら短めのスカートでも良いかもしれませんが、ある程度年齢を重ねた層がターゲットの場合、ミニスカートは避けたほうが良い印象を与えます。

専門性を定め、客層を決めたら、専門家として説得力のある外見とは何か、ターゲットとする人たちに信頼され、好感を持たれる外見とは何かを考えてください。

そして、自分の好みやこだわりは封印して、その外見に自分を当てはめていくようにしましょう。

3 ヘア&メイクのチェックポイント

どんな年代がターゲットでも当てはまるヘア&メイクのチェックポイントは、清潔感、信頼感、誠実さが感じられること、明るく健康的に見えることです。

ナチュラルに見せたいから化粧をしないという方もいますが、ノーメイクはナチュラルというより「手抜き・雑」といった印象を与えてしまいます。特に35歳を超えてからは、化粧をしないと血色が悪く疲れた印象になりがちですから、きちんとメイクをして明るく健康的に見せましょう。

同様に、ナチュラルに見えるメイクと手抜きメイクもまったく違います。

次のチェック項目を参考に、細かい所まで手を抜かず好感度の高いヘア&メイクを目指しましょう。

髪の毛

・長い髪はまとめる

・中途半端な長さなら、切るかまとめる（まとめるなら夜会巻きが理想的）

・乾燥や傷みが激しくないか（ボサボサ、パサパサはワックスで抑える

夜会巻き

かまとめる）

・ツヤはあるか

・白髪は染めているか

・髪の色は明る過ぎないか

■眉の濃さ

・濃過ぎず薄過ぎず、髪色に合わせた自然な色

■眉の形

・眉山は自然な形になっているか（極端に上がっている、細すぎるのはNG）

■口紅とグロス

・口紅を塗っているか（口紅を塗るのはエチケット）

・口紅は血色の良い色を選んでいるか

・唇の輪郭がぼやけていないか

・ラインはきちんと描いているか

・パールやツヤが過剰なグロスは使わない

■**チーク**

・チークは必須（明るい印象になる。不健康な印象はＮＧ）

＊マスクで顔が隠れる場合でもメイクはしておきます。

繰り返しますが、**最優先すべきは「お客様から見てどうか」**です。

自分の好みや「似合う、似合わない」という思い込みはいったん封印して、このチェック項目通りの型に当てはめてみてください。

そして、毎日必ず鏡を見て、セルフチェックを行ってください。綺麗にメイクをしても不愛想な表情をしていたら台なしですから、表情も合わせて確認しましょう。

お客様が来店してあなたの顔を見た瞬間「この人なら大丈夫そう」と、不安が解けて安心できれば、その後の流れもスムーズになるはずです。

4 プロフェッショナルに見せる制服の選び方

個人サロンでは私服でサロンワークをしている方も多いですが、業種に合った制服を準備したほうがプロフェッショナルらしく見えます。制服を選ぶ際には、あなた自身の体形をカバーすることよりも、サロンの専門性にふさわしい制服であるかどうか、ターゲットの年齢層に受け入れられるかどうかが重要です。

例えば一般的なイメージとして定着しているのは、エステティシャンならワンピース、整体師ならスクラブ（半袖でVネックの医療用白衣型ユニフォーム）のように、お客様のイメージを裏切らない制服を選びます（132ページのイラスト参照）。

次の項目を参考に、細かいところまで手を抜かず好感度の高い服装を心がけましょう。

ワンピース
・エステ系
・パイピングは黒でないもの

スクラブ
・整体などのボディ系
・専門性や施術者の雰囲気に
合わせて色味を選ぶ
・スタンダードなのは、
ピンク・ブルー

ウエストシェイプのスクラブ
ボディ系の中でも美容の要素が
強いジャンルに

■制服の色・柄

痩せて見せたいから黒を選ぶのはＮＧです。色は客層やオーナー自身の雰囲気を考えて選びますが、キツイ色味は避けてサーモンピンクやブルー系、白系などにして、柄物は避けましょう。

制服の下に着るインナーにも気を配ってください。インナーが透けて見えないような無地で目立たない色のものを選ぶようにしましょう。

■制服の形

業種によってそれぞれに定着しているイメージがありますから、そのイメージを裏切らない制服を選びます。ワンピースは動きにくいからと敬遠するエステティシャンも多いですが、実際にワンピースでサロンワークをしているエステティシャンもたくさんいます。お客様の期待に沿った制服を選びましょう。

■制服のシワ・汚れ

制服に汚れが付いている、シワが目立つ、古くなって色が褪せヨレヨレになっているなどは、雑でだらしない印象を与えてしまいます。手入れは丁寧に行い、古くなったら新しい物に替えましょう。見た目の印象がだらしないと、施術まで雑なのでは、と思われてしまいますから、いつも凛としてきちんとした姿でいるようにしてください。

■素足・ストッキング

素足よりもストッキングを穿《は》いたほうが、きちんとした印象になります。

■柄物の靴下

無地の制服に柄物の靴下を穿いていると目立ちます。靴下も無地で揃えましょう。

■アクセサリー

アクセサリーは小さめで上品なものを選びます。年齢を重ねるごとに大きなアクセサリーを選びがちですが、ゴテゴテした大きなアクセサリーは上品さがなく悪印象です。アクセサリーでおしゃれをしたいならプライベートで楽しむようにしてください。

ヘア&メイクと合わせて、制服も毎朝、鏡の前でチェックをしましょう。

姿勢も確認します。整体系のサロンでオーナーが猫背というのは論外ですが、他の職種であっても、姿勢が悪いと自信がなく頼りなさそうな印象を与えてしまいます。

5 たった3色でサロンのインテリアは作れる

まずは、あなたのサロン部屋に何種類の色があるか数えてみてください。

家具はダークブラウン、エステベッドはベージュ、飾ってある花はピンク、スリッパはネイビー、カルテのボールペンは黒でバインダーは白、カーテンはアイボリー、床の色は……。

このように、多くの色が使われていないでしょうか。

色味が多い空間はごちゃごちゃした雑多な印象を与えるため、お客様は落ち着いてくつろぐことができません。

基本となるベースカラーを決めて、小物も含め**サロン部屋の色は3色に抑える**と、居心地の良い空間を作ることができます。色味も、鮮やかな黄色やショッキングピンクなどは避け、**白、アイボリー、茶系、グレーなど、落ち着く色味を選ぶようにしましょう。**

壁に飾ってあるディプロマ（修了証）も多くの色が使われていますから、貼れば貼るほど色数が増えてインテリアが崩れる原因になります。お客様は資格でサロンを選んでいるわけではありませんから、ディプロマを貼る必要はありません。

整体系のサロンには書籍が並べてあることが多いですが、これもカラフルなものが多く、本の表紙だけで色数が増えてしまいます。見えない所に収納する、本棚には目隠しをするなどしておきましょう。

すべてを一度に変えるのが難しい場合は、色を1つずつ抜いてみてください。まずは小さな物から外してみましょう。

必要以上に物が多い空間は落ち着かないものです。自分の好きな物やいただき物を飾りたくなる気持ちは分かりますが、あくまでもサロンはお客様のための空間です。自分自身の好みは封印して、お客様の居心地の良さを追求してください。

6 お金を払う価値は空間作りから ～サロンに映えるインテリアの揃え方

お客様は技術だけにお金を払うのではありません。

・この料金を支払うにふさわしい空間か
・この料金を支払うにふさわしいオーナーか

これらを無意識レベルでチェックしています。施術者の外見と同様、サロン部屋の空間も、商品の一部だということを忘れないでください。

100円均一の商品だと一目で分かる物をお客様から見える場所に置いていませんか？

高級ホテルのスパに行って100円均一の小物が置いてあったらどう感じるでしょうか。同じように、悩みを解決しようとお金と時間を使ってサロンにやって来たお客様は、チープなものが目に入ると残念に思い、料金に見合わないと感じてしまいます。

１００円均一の商品で、お金を払ってもらう空間は作れません。使う場合はお客様に見えない所だけにしましょう。

サロン部屋のインテリアはチープに見えない物を揃えるようにしたいものです。最初から高価な物を揃えるのは難しいと思いますが、安価であってもセンスが良くて安っぽく見えない物をうまく使いましょう。大型インテリア・雑貨ショップで購入した物は、タグを切るなどしてお客様に分からないように。「素敵だな」と思ってよく見たら量販店の安物だったのでは、せっかくの良い気分が削がれてしまいます。

インテリアの中でも一番気を遣いたいのがカーテンです。面積が大きい分、室内の印象が驚くほど変わります。お金を掛けるならまずはカーテンからにしましょう。カーテンは特に、布質やひだの数などで品質が一目瞭然ですから、お客様も必ず気が付きます。

インテリア選びのポイントは、センスが良くてチープに見えず、お客様に買った場所や価格が分からないこと。売上が上がってきたら輸入家具に挑戦してみるのも良いでしょう。

7 生活感を消す

自宅の一室をサロンとして使用する際、一番に気を付けてほしいのは「生活感を出さないこと」です。

自宅サロンの場合、予約の合間に家事ができることはとても魅力的ですが、家事は生活感を顕著に残します。お客様の目に触れる可能性のある所、または匂いが付きそうな所は、日頃から意識してチェックやケアをしましょう。

ターゲットとするお客様が主婦だったとしても「同じ主婦だから理解してくれる」という甘い考えは禁物です。今日ばかりは家事のことを忘れようと、よそ行きの服でサロンを訪れたのに、ドアを開けた瞬間カレーの匂いが充満していたり、リビングの隅にある畳みかけの洗濯物の山が見えたりしたら、一瞬で現実に引き戻されて気分が沈んでしまいますね。

お客様は「家っぽくて落ち着く」などと言ってくれるかもしれません。でもそれは、あなたに気を遣っているだけ。本音は、サロンに来た時くらい主婦の自分を忘れたいはずで

Chapter 4

す。表向きの言葉を鵜呑みにして、お客様の本当の気持ちを見過ごさないよう気を付けましょう。自宅サロンで特に生活感が出やすい箇所は次のとおりです。

■玄関周り

・玄関周りに子どもの自転車や遊具を置かない
・家族の靴はシューズボックスへ収納する

自宅サロンであっても、お客様は「誰かの家へ行く」とは思っていません。「サロンへ行く」つもりで来店するのですから、到着していきなり玄関周りに子どもの自転車や遊具が置かれていたり、家族の靴がずらりと並んでいたりしたら戸惑ってしまいます。お客様を迎えるにふさわしい玄関かどうか、しっかりチェックしましょう。

■お手洗い

・便座カバー・フタカバー・トイレマットを使わない
・トイレットペーパーホルダーのカバーを使わない
・共用の手拭き用タオルは使わず、使い捨てできるペーパータオルを使うか、小さなタオルをたたんで置いておき、使い終わったらカゴに入れてもらう
・どの家庭にもあるような消臭剤を置かない

便座カバーやフタカバー、トイレットペーパーホルダーなどのファブリックがあるだけで一気に「自宅っぽさ」が出てしまいます。衛生上も気になりますから使用しないようにしましょう。

ハンドソープや消毒剤、ペーパータオルも用意しましょう。消臭剤や芳香剤は、シンプルなパッケージの消臭スプレーやスポイトで垂らすタイプの芳香剤を選ぶと生活感を出さずに済みます。

■匂い
・お弁当を作った後の匂い
・食事後の匂い
・夕食の仕込みの匂い

予約の合間に食事の支度をするという方も多いようですが、その場合は、家中の窓を全開にして鍋をベランダに出すなどの対応をしましょう。換気をしても、洋服やカーテンなどの布製品や髪の毛には匂いが染みつきます。布類には消臭スプレー、髪の毛にはドライヤーの風を当てるなどして、匂いを残さないようにします。

サロン部屋やお手洗いだけでなく、玄関からサロン部屋に行くまでに目に入る場所すべてを、お客様になったつもりで見回してください。

キッチンが見えるなら食器や調味料を見せない。洗面所が見えるなら洗濯物が見えないようにする。リビングが見えてしまうならリビングの生活感を消す。このように、お客様が日常を忘れられる空間を演出しましょう。

8 初回来店から安心できる店内の動線作り

店内の動線作りで大切なことは、お客様の来店から退店の瞬間まで、一瞬たりとも迷わせないことです。

初めて来店されるお客様は、こちらが思う以上に小さなことで迷い、不安になります。あなたにとっては慣れた土地、慣れたサロンでも、初めてのお客様にとっては分からないことがたくさんあるのです。それを事前に察して、**「どうすればいい？」「これでいいのかな」とお客様が戸惑うポイントを徹底的に消すようにしましょう。**

サロンへ向かう道のりから、入り口前に立った瞬間、サロン部屋に入ってから退店まで、お客様になったつもりでシミュレーションを行い、チェックするようにしてください。

■来店までの道順

もしもお客様が途中で道に迷って電話をしてきたら、あなたはスムーズに誘導できますか？　自分ではよく分かっていても、人に分かるように説明するのは意外と難しいものですから、**普段から電話での道案内を想定して練習しておく必要があります。**

お客様から連絡があったらまず、その位置から何が見えるかを聞いて、お客様のいる場所を特定します。次に進む方向を伝えますが、この時に「○○を背にして」と伝えないと間違った方向へ進んでしまうことがあります。例えば、「交差点を右へ」と言っても、どちらを向いて交差点に立っているかによって、右方向は変わってしまうのです。**先に「○○を背にして」と伝えることで、正しい方向へ誘導することができます。**

また、「50メートル道なりに歩く」と言っても、50メートルの感覚がハッキリ分からない方も多いですから、「道なりに歩くと○○が見えてきます」と、**分かりやすい目標物で伝えます。**なかなか見えてこないと不安になりますから、目標物は早いタイミングで見えてくる物にしましょう。

案内する時の声質も、自信を持って明るく、お客様が安心できるよう気を配ります。そして、来店されたらどこで迷ったかを詳しく聞いて、ブログのアクセス地図を「3日以内に」必ず修正します。

■サロン前に到着したら

自宅サロンの場合、まずインターホンを鳴らすべきか、そのまま入っていいのかお客様は迷います。店舗サロンでも、扉越しにスタッフの姿が見えると、扉を開けて中に入ってよいのか、店の前で待つべきなのか迷う方もいます。どんなお客様でも迷うことのないよう、「次はどう行動すればよいか」が分かるようにしておきましょう。

口頭で伝える、予約確定のお知らせメールで伝える、ブログに記載しておく、入り口にメッセージを貼っておくなど、漏れを防ぐために複数の方法で伝えるほうが確実です。

■お出迎えからご案内

玄関先や入り口まで出迎えたら、そのまま一緒にサロン部屋まで案内します。雨の日には、タオルを差し出すとよいでしょう。また、夏場に素足で来店するお客様は汗を気にして靴下を持って来ることがありますが、使い捨てスリッパを用意しておくと抵抗なく履いてもらえますし、お客様に気を遣わせることもなくなります。

■サロン部屋に入ったら

サロン部屋に着いたら、流れるように一連の声掛けを行います。

「手指の消毒と検温をお願いいたします」

▶▶

「荷物はこちらにお入れください。（または）こちらにお掛けください」

※冬場はコート類もお預かりし、お客様の視界に入る場所で保管する。

▶▶

「早速ですが、こちらのカウンセリングシートにご記入をお願いいたします」

「書き終わりましたらこちらのチャイムを鳴らしてください。それではいったん退室しますね」

※退室している間にお茶を準備する。

夏場は冷たいウェットタオル、冬場は温かいウェットタオルも一緒に。

上着をお預かりする時のハンガーも、お客様目線でチェックしてみましょう。細いハンガーを使っていませんか？　ニット素材や重めのコートは、細いハンガーにかけると肩の形が崩れてしまいます。雑な掛け方も、お客様は何も言わなくとも心の中で残念な気持ちになっています。

■施術後

施術後はスムーズに会計を済ませて出口まで案内します。雑談などのコミュニケーションは施術中に行いますから、施術後はカウンセリングで伝えたアドバイスのポイントを確認する程度に留めましょう。アンケートを取る場合は、施術後にお願いするようにします。

ここで、リピートや物販の勧誘をされてもお客様は少しも楽しくありませんから、こちらから勧誘することはしません。クロージングは最初に行っていますから、お客様が何も言わない場合は、「それでは本日は以上となります」と伝えて終えましょう。

中には、おしゃべりが大好きで中々帰らないお客様もいますね。「もっと話したい」と感じてもらえるのは嬉しいことですが、長話をし過ぎて次のお客様の準備が遅れたり回転率が下がったりするのは良くありません。その場合は、あなた自身が先に立ち上がり、会話をしながら自然な動きでお客様の荷物を持って先に歩き出し、出口まで誘導しましょう。

他にも、お客様が座る椅子や横たわるベッドに、実際に座ったり横たわったりして周囲を見回してみましょう。施術者側からは見えない場所のほこりが目に付くなど、気になる所が見えてきます。

「細かい、面倒だ」と感じたかもしれませんが、これらはすべてお客様に伝わります。口に出さないからと言って何も感じていないわけではありません。逆に、不満を感じてもお客様は何も言わないことのほうが多いのです。

初回来店のお客様がリピートされないのには、必ず理由があります。あなた自身がお客様になったつもりで細かい所までチェックし、少しでも気になる点があれば、すぐに改善していきましょう。

Check This!

プライベートサロンの盲点

プライベートサロンと聞いて、どんな場所や空間を想像しますか？

おそらくこの答えは10人に聞いたら10通りの答えが返ってくると思います。1つだけ確実に言えるとしたら、それは「誰かの自宅」を想像する人はいないということ。

仮にあなたが今、自宅サロンを開いているとして、プライベートサロンと発信しているとしたら、それは自分にとってのみ都合の良いワードであり、マイナスでしかありません。なぜなら、プライベートな空間と聞いて自宅の一室を想像する人は皆無だからです。

私のイメージするプライベートサロンとは、予約が取れない知る人ぞ知る人気サロンとか、モデルやタレントがお忍びで通うサロンです。もちろん、人気のない、集客しなければマズイようなサロンではありません。

自らハードルを上げることは止めて、シンプルに行きましょう。

Chapter 4

Chapter 5

自分もサロンも成長し続けるためのマインドとアクション

1　どんな未来を作るのか、自分で舵を取る

あなたは、サロン経営を通してどのような未来を手に入れたいのでしょうか。

漠然と「売上が上がるといいな」と思っているだけでは実現できません。**「5年後にはこうなっている」という明確な未来像を持ち、未来から逆算して今何をすべきか、という考え方にシフトする必要があります。**

では、次のワークに挑戦してみてください。現在の状況は関係ありません。「できないかもしれない」という思いはいったん置いて、自分に制限をかけず書き出しましょう。

■ワーク：未来のスケジュール

①5年後、あなたは何歳ですか？　どんなことを実現しましたか？　毎日をどのような思いで過ごし、どのような生活を送っていますか？（完了形で記載してください）

②そのためには、3年後どうなっている必要がありますか?

③そのためには、1年後どうなっている必要がありますか?

④そのためには、半年後どうなっている必要がありますか？

⑤あなたが今すぐやらなければならないことは何でしょう？

書き出すことによって、未来像が現実的に見えてきたはずです。同時に、時間には限りがあるということにも気付いたのではないでしょうか。

予約で一杯になるサロンを作り上げるには相応の努力が必要です。苦手で嫌なことにも取り組み、行動し続ける強さや、目標に向かって自分自身で舵を取る気概が必要です。「なんとなく、こうなったらいいな」では、簡単に折れてしまいます。

立ち止まりそうになったり苦しいと感じたりした時には、「5年後の自分は、今の自分に何と言うだろう」と考えてみてください。そして、5年後の自分から「あなたが頑張ってくれたから、今がある」と感謝されるように行動しましょう。そうすれば、「未来のスケジュール」が現実のものになります。

2 未来と現実のギャップを埋める ～数字で考えよう

未来像を描いたら、次は「そのために、いくら売り上げる必要があるか」を考え、具体的な数字に落とし込む段階です。この時に考える未来は、現状とかけ離れ過ぎないようにします。今月、来月、または3カ月先の近未来を設定し、やりたいことそのために必要な金額を計算しましょう。

例えば、月に1回旅行に行きたいなら、どこに行くのか、交通費・宿泊費はいくらかかるか、経費や生活費、貯蓄分と合わせていくらの売上が必要になるか、次のステップで計算してみてください。

①50万円の売上が必要だと想定した場合、その内訳を計算する

単価が60分の施術で8000円だとしたら、1日あたり3名来店があれば2万4000円。月の営業日が20日なら48万円になり、目標まで2万円足りないことになります。

②不足分の2万円をどのように補うかを考える

物販で補うとしたら商品代金と人数を計算します。施術ならば新規予約が何件必要でリピートなら何名必要なのか、そのためにどのような対策を立てるのかを、現実的かつ具体的に書き出していきます。内訳のパターンは2～3通り作成し、実現する可能性が高いと感じられるものを選ぶようにしましょう。

③毎日の売上やお客様の来店数を記録して、目標との差分、売上見込額を出し、対策を立てる

・あといくら（何名）足りないのか（目標との差分）
・今のペースで月の売上がいくらになるのか（売上見込）

物販の売上が足りないなら、悩みを引き出すヒアリングとトークを工夫して販売数の増減を見ます。新規のお客様の来店数が足りないなら、ブログやSNSでの見せ方や文章の書き方を工夫したり、投稿時間を変えたりしてアクセスの増減と予約数の変化を確認します。リピート率を上げるために何をするか、その結果どうなったか。これを繰り返すことで「結果につながる対策」が見えてきます。

うまくいった要因も、その逆も、すべて数字が語ってくれます。**何曜日の何時頃にウェブ予約が入りやすいかが分かれば、その時間に合わせてブログやSNSを更新する。定休日や営業時間を変更したら予約が減った（増えた）など、数字を出して分析することで客観的な検証が可能になり、対策を立てられる**のです。感覚だけで「なんとなく増えた、減った」だけでは、現実とのギャップが生じますから、必ず数字で客観的に捉えるようにしましょう。

売上を上げ続ける人は、例外なく数字の意識が徹底できています。逆に、売り上げられない人は、目標金額や売上見込額を聞いても「大体このくらい」としか答えられませんし、月途中の売上や新規来店の人数、リピート率を聞いても即答できません。それでは、次の一手を考えることもできませんね。**手にしたい未来と現実のギャップを埋めるには、具体的な数字に落とし込み、それを日々追いかけることが必須**なのです。

数字の話をすると「お金じゃないんです」という言葉が返ってくることがありますが、本当にそうでしょうか。お金じゃないなら、ボランティアでいいのでしょうか。そうではないはずです。ボランティアはしたくないのに「お金じゃない」というのは矛盾しています。

あなたには、サロン経営を通して実現したい未来があるはず。その現実から目をそらしてはいけません。

ボランティアが嫌なら、「売り上げる覚悟」を持つ必要があります。中には、お金を稼ぐことに罪悪感を持つ人もいますが、お金があるからこそ、家族のやりたいことを応援できますし、人を助ける余力も持てるのです。私は、団地サロン時代から毎年決算期には被災地へ義援金を送っていますが、それができるのも、売上を上げ続けることができたからです。

お金を稼ぐこととお客様に喜ばれるサロンを作ることは、決して矛盾しません。お客様の悩みを解決してその対価を得るのは当然のことですし、その意識を持つべきです。そして、ウェブ集客で多くのお客様に目を留めてもらうことは、悩みを持つ多くの方に希望を与えることにもなります。

サロンの売上は、お客様のサロンへの期待値と満足度・信頼度に比例すると考えてください。売上の上がるサロンは、多くのファンがいるサロンなのです。

ぜひ、堂々と胸を張って、「売り上げる覚悟」を持ってください。

3 技術の学びから経営の学びへシフトチェンジ

お客様が来店しない理由を技術不足だと信じて、新しい技術の学びに熱心なサロン経営者が多いですが、どんなに新しい技術を学び、流行りのメニューを導入しても、集まるのは話題のメニューに飛びつく人たちだけです。

そのような人達はいずれ来店しなくなり、一過性の売上に終わってしまいます。そして、下がった売上を補うためさらに新しいメニューを導入し続け、キャンペーンを打ち続け、結果的に利益が出ないという負のループに陥ってしまいます。

この、負のループから抜け出すには、技術の学びから「経営の学び」へシフトチェンジすることです。技術だけ学んでいる間は、経営者とは言えません。

集客を学び、どんな人に手技を提供したいのか腰を据えて考え、発信する。徹底的なお客様目線で自分自身とサロン空間を創り上げ、接客をする。サロンの現状と目標を数字で管理し、検証と改善を重ねる。これらを実践して、できる経営者へ生まれ変わってください。

これまで、多くの個人サロン経営者に「売れるサロンのルール」を伝えてきました。伝えた結果、**劇的に成長する経営者とそうでない経営者の決定的な違いは「行動に移すか否か」**です。本書の中でも、多くのノウハウを伝えてきました。

すべてを実践するには相応の行動量が必要になりますが、「知っている」で終わらせてしまったのでは何の変化も起こりません。必ず行動に移し、「知っている」から「やっている」に変えてください。

お客様は、技術が高いから、メニューの数が多いからサロンを選ぶのではありません。悩みを解決できるサロン、信頼できる施術者がいるサロンを選ぶのです。技術も接客も、お客様に接する経験を積まなければ向上しません。

技術を学ぶ前に、まず集客して多くのお客様と向き合ってください。そして、お客様の悩みに対してより良い結果を出すために必要だと感じたり、施術の効率を上げるために必要だと感じたりしたら、その時に初めて技術を学ぶのが正しい順序です。

今日から、技術を学ぶ時間を、経営の学びと実践の時間に変えてください。

4 お客様にとって本当に良い人とは「ただの良い人」ではない

Chapter 4まで、「自分都合よりもお客様目線」ということを繰り返し伝えてきましたが、誤解してほしくないことがあります。それは、お客様目線であることと「ただの良い人」は違う、ということです。

売り上げられないサロン経営者には、来店頻度を上げたほうが良いと分かっているのに提案できなかったり、必要以上に値引きをしたり、物販を積極的にできない人が非常に多いですが、それは本当にお客様にとって「良い人」でしょうか。

お客様が来店するのは「悩みを早く解決したいから」です。そのために、わざわざスケジュールを空け、お金と時間と労力を使って来店するのです。その気持ちに応え、**悩みを解決することに責任を持ち、伴走者として最善の提案をするのがサロン経営者として誠実な対応であり、本当の「良い人」**なのではないでしょうか。お金をもらうことに罪悪感を持ったり、自分をお客様より下に見て遠慮をしてしまったりするのは誠意ある対応とは言えません。

来店ペースをお客様主導に任せていれば、一見「良い人」に見えるかもしれませんが、結果的に悩みが解決できなければお客様は「損をした」と失望し、離れて行きます。逆に、来店ペースを上げて一時的に出費が増えたとしても、悩みが解決できればお客様は「このサロンに通って良かった」と感じ、あなたに感謝するでしょう。

本当にお客様のことを思うなら、最善の提案をすべきなのです。あなたの提案にプロとしての誠意が込められていれば、その誠意は必ず伝わり信頼獲得につながります。

何でも言うことを聞いてくれる「ただの良い人」にファンは付きません。**伝えるべきことは伝え、悩みの解決に向かって一緒に伴走してくれる「プロ」にこそ、ファンが付く**のです。

「売込みと思われたくない」「高いと思われたくない」「断られるのが怖い」という理由で提案できないのは、「嫌われたくない」という自分都合でしかなく、お客様目線とは真逆の姿勢だということに気付いてください。

5 迷ったらやる、悩んだらやる、走りながら考える

ここまで伝えてきた中で、あなたは1つでも行動に移すことができているでしょうか。Chapter 5の3で、成長する経営者とそうでない経営者の決定的な違いは「行動に移すか否か」だと紹介しましたが、これができない人はかなり多いのです。

「理解してから」「時間ができてから」「準備が整ってから」「プライベートの問題が片付いてから」など、先延ばしにする理由はいくらでも見つかりますが、すべての準備が整うことはありませんし、準備している期間はまだ何もしていない状態です。成長する人は、まず走り出し、走りながら考えるのです。

動き始めたとしても、思うようにいかず悩んだり迷ったりする時が来るでしょう。けれど、立ち止まって迷い続けても答えは出ませんし、最初から正解が分かる人もいません。**悩んだら、何か1つでもできることを見つけて行動に移す**のです。行動すれば、何かしらの結果が得られます。万が一それが期待したものでなかったとしても、得られた結果に対

して検証と改善を加え、次につなげることができるのです。いくつかの選択肢で迷った時には、すべてやってみることです。試行錯誤の繰り返しによって、正解を1つずつ「見つけ出す」のだと考えてください。

「○○だったらどうしよう」と、良くない結果を考え過ぎて動けなくなる人も多いですが、起こる前に心配しても意味もありませんし、ほとんどの場合、心配するようなことは起こらないものです。それよりも、行動しないまま売上を上げられない状況がこの先もずっと続くほうが、遥かに困ることではないでしょうか。

とにかく走り出し、そして走り続けるのです。「迷ったらやる」「悩んだらやる」「走りながら考える」。この言葉を常に頭の片隅に置いて行動し続けてください。立ち止まりそうになったら「未来の自分なら今の自分に何と言うだろう」と考えてみてください。きっと、「迷わずに進みなさい」と答えるはずです。

6 経営者に必要なのは「オン・オフを丸ごとスケジュール管理」するスキル

売上が上がってくると、サロンの予約と他の予定のバッティングが起こりやすくなりますが、これを避けるためには早い段階からスケジュール管理・時間管理の意識を高く持つ必要があります。

また、個人サロン経営者の多くは家事や子育て、介護や他の仕事とサロンワークを両立しており、時間の確保に悩んでいます。でも本当に、時間がないのでしょうか。

「時間がない」と嘆く方の多くは、月間スケジュール帳を使っています。1カ月が見開きで見渡せる形式で、1日が小さなマスになっており、このマスに一つでも予定が書きこまれていると、「この日は予定があって忙しい」と感じてしまいます。

これを、**バーチカルタイプの手帳に変えてみてください**。バーチカルとは、横軸が日付と曜日、縦軸が時間になっていて、1日の時間の使い方を見通せる様式です（Chapter 3の8参照）。1日に数件の予定が入っているとしても、その時間帯まで記録してみると、**隙間時間が意外とあることに気付くはずです**。例えば、9時～11時と12時～14時に予約が入っているとしたら、11時～12時までの隙間時間が見つかります。この隙間時間にタスクを当てはめていくことで、できることが格段に増えるのです。

タスクを細分化することも大切です。例えば「ブログ記事を書く」という大きなタスクも、「ネタを探す」「写真を加工する」「文章のラフ書きをする」「タイトル決定」「仕上げ」などに細分化して隙間時間に1つずつ消化すれば、まとまった時間が取れなくても完成することができます。

このように、**隙間時間を「見える化」し、タスクを細分化して当てはめることで「時間がないからできない」と思っていたことができるようになり**、プライベートとサロン経営の両立が可能になります。

同じ条件の中でも、売上を上げていく経営者がいます。彼女たちに共通するのは、時間管理を徹底して隙間時間を有効に活用していることです。時間がないからと諦める前に、あなたの時間の使い方をもう一度見直してみてください。

7 キャンセルを生まないサロン作り

「当日キャンセルの場合は料金の100％をいただきます」などのキャンセルポリシーを設けているサロンも多いですが、**あなたのサロンがお客様にとって「絶対に行きたい場所」になっていれば、簡単にキャンセルされることはありません。**

もちろん、体調不良など本当に仕方のない理由もありますが、覚えていてほしいのは「お客様は本当の理由を言わないことが多い」という事実です。本当は「なんとなく面倒だ」「他に優先したい予定が入った」だけであっても、「体調不良」や「急用」という理由でキャンセルされているケースが多々あります。

ですから、どんな理由であれキャンセルが度々発生する場合は「キャンセルが起きてしまうサロン」である可能性が高いと考えましょう。

新規予約がキャンセルになったなら、ウェブ発信で魅力的な見せ方ができていないために、サロンの優先順位を上げることができなかったのかもしれません。既存のお客様の予約がキャンセルになったなら、信頼関係の構築が不十分だったために「この人に会いに行きたい」という気持ちにさせることができなかったのかもしれません。

多くの場合、キャンセルの原因はサロン側、つまりあなたにあります。キャンセルポリシーを設けることは、その原因をお客様の責任にすり替えることになりかねないのです。

また、キャンセルポリシーには新規予約を遠ざける側面もあります。子どものいる女性の場合、子どもが熱を出すなど万が一のことを考えると予約をためらってしまいます。本当に仕方のない事情でもキャンセル料が発生するということは、良い印象を与えません。

より良いサロンを作る上でも、売上を上げるためにも、キャンセルポリシーには効力がないと考えたほうがよいでしょう。

キャンセルポリシーよりも遥かに効果的なキャンセルの防止方法は、お客様にとって他の予定よりも優先順位の高い「絶対に行きたいサロン」になることです。それができなければ、キャンセルポリシーを設けたところでキャンセルは止まらないばかりか、新規予約を遠ざけることにもなります。

キャンセルの原因はお客様ではなく自分にあるという考え方を持ちましょう。

Check This!

同業者と付き合うデメリット

共通点のある人というのは、話題も尽きず一緒にいて楽しいものです。同業者同士も同じで、専門用語や業界用語で会話しても通じ合うので楽だと思います。

この楽な環境というのは、実は危険信号。というのも、お客様との会話でそのまま業界用語を使ってしまうサロン経営者が非常に多いのです。業界用語がお客様には通じないことを忘れてしまうのですね。ウェブ上の発信でも、お客様が日常的に使わない言葉を使うと違和感を与え、離脱につながります。

さらに、同業者同士というのは視野が狭くなりがちです。業界の常識は、世間から見たら非常識の場合もあります。

同業者と付き合うだけではなく、異業種の方々とぜひ交流を持ちましょう。視野を広げる努力をすることで、お客様との会話も広がりを見せます。

Chapter 6

悪条件でも成功できた私たちのビフォーアフター

1

介護と仕事を両立しながら、田舎の戸建て・和室サロンで月商が50倍に

脚ケア専門サロン：澤　昌子さん（岐阜県羽島郡）

悪条件ポイント

田舎の住宅街　戸建て（自宅）の和室　仕事を掛け持ち　介護　家事・育児

実績

●月商：8500円→42万円
●リピート率：67%→97%

Before

月商は8500円、お客様はたったの4人でした。自宅でサロンをしたい、私の施術で体が軽くなって明日から頑張ろうと思ってもらいたい、そのためにはもっとサロンを知ってもらいたい。でも、うまくいかない。自宅サロン以外に

2軒の介護施設に勤務していて、毎日仕事に追われ、子どもたちと過ごす時間も少なく、とても苦しい時期でした。自宅サロンの売上が上がったら、勤務しているすべての仕事を辞めたかったのですが、なかなか売上が上がらずどうしたらいいかと毎日頭を抱えていました。

自分にも技術にも自信がなかったので、「すみません」が口癖となり、不安がいっぱいで、自信を持って施術やアドバイスをすることができませんでした。

After

ウェブ発信ではサロンの安全性や人気、効果、施術者の雰囲気が分かるような写真を掲載しました。例えば、お客様の声とともにお客様とのツーショット写真、明るく開放的な空間に見える写真、施術者の顔が分かる写真、お客様の施術前・施術後の比較写真などです。すると、お客様が警戒することがなくなり、予約が入るようになりました。

和室だったサロン部屋に、生活感・和室感を出さないよう、様々な工夫を施しました。例えば畳はフローリングに替え、ふすまはウッド調の柄に張り替え、障子は見えないようにブラインドを掛けて窓のように見せる。これにより、仏間や押し入れの存在が消され、洋室のようになりました。初めて来店されたお客様は外観とは異なるイメージのサロンに驚き、以前の姿を知っている方は感動してくれました。

自宅の門からサロン部屋までの動線にも生活感を消す工夫をし、生活の匂いやペットの匂いなど、細かい所にも気を配っています。また、お客様目線を徹底的に学んだことで、私のサロンが選ばれなかった理由が分かり、今ではほとんどのお客様がリピートしてくださるようになりました。

自分に自信がなかった私にひろみ先生は、「お客様のことを考えたら自分のことは考えないこと。誰が何と言おうとお客様が来ているんだから」という言葉をかけてくれました。仲間も「自信を持たなきゃ、プロでしょ！」と励ましてくれました。「すみません」という言葉を使わないと決め、ひたすらモニター施術をして、自信を付けていきました。

「メンタルな面に振り回されていては安定した売上にならない」。この教えのおかげで、家族の介護で突然生活環境が一変し、自分ではどうしようもできなかった時期にも、売上が不安定にならず、お客様の来店が減ることもなく、安定した経営を続けることができました。

何度心がくじけそうになっても、足を止めることなく少しでも前に進もう、進みたい、と頑張ることができました。介護は子育てと違って良くなるものではありません。介護職の経験があり、先を知っているだけに今でも辛くなる時はあります。でも、「落ち込むのは暇な人」という、ひろみ先生の言葉を思い出して気持ちを正しています。

時間の使い方や、スケジュール管理の方法を学んだことによって、子どもたちと過ごす時間も増えました。家族もサロンの仕事を理解してくれるようになり、家事を手伝ったり、自分のことは自分でやったりするなど、自立してくれるようになりました。

Coach's Eye

澤さんは、何といっても物事を熟考できることが強みです。介護という負担のある状況下でも、安定した売上を上げられているのは、お客様への真摯《しんし》な対応と、お客様の来店前のシミュレーションを始めとする理想の未来を見据えた細やかな姿勢が理由です。これは今後も大きな力になっていく土台と確信しています。

（岩山ひろみ）

2

電車が1時間に1本、駅から徒歩50分の自宅サロンで月商200万円に、その後出店して月商597万円に

毛穴ケア専門サロン：中山ゆかりさん（茨城県筑西市《ちくせい》）

悪条件ポイント

不便な立地

バスが通っていない

資金が底を突き複数の生命保険を解約

実績

●月商：4万5000円→200万円

その後、東京の表参道へ移転してスタッフ3名雇用→月商597万円

●リピート率：ほぼ0%→85%

●自社オリジナルスキンケアブランドを開発

Before

「美容が好きだから、好きを仕事にしたい」。そんな気持ちでOLを辞めて始めたエステサロン。でも、経験のない私がサロンを経営できるわけがありません。SNSやホームページを見よう見まねで作成し、毎日投稿しましたが、お客様

のご来店がゼロという月もありました。気が付けばお客様は友人や知人ばかり。エステを無料で提供する趣味のサロンになっていて、私自身、エステティシャンだと胸を張って言えず、自信もなくなっていきました。

値下げの案内をお客様に送っても集客につながらない。お客様が来店しても次回予約につながらない。何をどうしていいのかも分からない毎日。ＯＬ時代の貯金が底を突き、生命保険を解約したお金でサロン運営を工面するようになりました。ずっと夢だったサロン経営なのに、このままではいけない。これでダメだったらサロンを閉めようと決意して、ひろみ先生から学ぶことを決めました。

メンタル面が弱く、お客様から感想ひとつもらうことさえ怖かったので、青森県から予約が入った時には、自信のなさからお断りをしようとしたこともありました。

After

一番変わったことは、専門性を絞って毛穴ケア専門サロンにしたことです。お客様がなぜサロンに来たのか、日々の生活の中で何に悩んでいるのかをこと細かくヒアリングできるようになりました。以前の私は「毛穴ケア」といえば、毛穴レスの卵肌にしなければならないと思い込んでいましたが、本当のお客様の悩みは多岐にわたるものでした。

例えば、「ファンデーションを塗った時に凸凹が気になる」「毛穴が詰まった黒い鼻を見られているようで気になる」「肌がざらざらして毛穴にゴミが詰まっているような感覚が嫌」などそれぞれに違っていて、悩みに対して結果を出すことが満足につながると気付きました。その結果、お客様は「本当の自分の悩みを詳しく聞いてくれて、解決してくれたサロンは初めて」と言ってくださるようになりました。これが本当の意味で「お客様の気持ちを知る」ということだったのだと思います。

自信のなさから青森のお客様をお断りしようと考えていた当時、ひろみ先生から「お客様がどんな気持ちでわざわざ青森から茨城まで来ようとしているのか。お客様が行きたいと言っているのに断るのは自分目線でしかない」という言葉をもらい目が覚めました。以前の自信がなかった私は、お客様の気持ちよりもまずは自分。今思えば、自分を守ることしか考えていませんでした。

全国のお客様から予約をいただいたおかげで、今では茨城の自宅サロンを出て表参道に移転し、スタッフを雇用するまでになり、月商５９７万円を達成しました。一番の要因は、お客様目線を養い自分のメンタル面が変わったことだと思います。

以前は他人に少しダメと言われただけでボロボロになるほど弱い私でしたが、今では失敗も成功もすべて学びだと考えられるようになり、経営者としての自覚も育ってきました。今でも失敗はたくさんあるけれど、失敗から学んだことを糧にしてまたトライすることで、毎日がすごく楽しくなりました。

Coach's Eye

中山さんが素晴らしい結果を出した要因は、彼女の強みである「想像力と提案力」にあります。お客様の興味関心の強い分野へアンテナを広げ情報を集め、それをお客様に楽しみながら提供することができています。写真撮影においても、人一倍研究しています。陰の努力も魅力となり、お客様がファン化し大きな売上へとつながっています。（岩山ひろみ）

3

家賃も払えず副業に追われる生活から、料金2倍でも予約数が6倍に

お腹やせ・脚やせ専門サロン：尾藤友理さん（三重県松阪市）

悪条件ポイント

- 駅から徒歩25分
- エレベーターなしの3階
- 1DK8畳の賃貸マンション
- 階下から飲食店の匂い
- 家賃滞納
- カード限度額超過
- 生活費のため副業

実績

- 月商：平均5万円前後→79万円
- リピート率：0％→ほぼ100％

Before

サロンを始めた頃は、自分ができる施術やサービスを出せるだけ出して何でも屋になること、広告費をかけてフリーペーパーやチラシで宣伝することで集客できると思い込んでいました。しかし、いざ始めてみたら1人か2人来店し

たらいいところで、来店しても割引目当てや体験目当てのお客様ばかりでした。新しい技術を学んでメニューを増やしたり、集客セミナーに参加したりしましたが、売上は一向に良くなりませんでした。

セミナーで聞きかじった小手先のやり方で書いたブログは、「私のサロンはあれもこれもできます！」「いらっしゃい、いらっしゃい！」と、まるでたたき売りのようでした。

ひろみ先生と出会った当時は本当にどん底でした。売上はサロンの家賃に消えていき、それも底を突き2カ月分滞納している状態。売上どころか生活自体が苦しくなり、カードの支払いも増えていく一方でした。生活のために副業の割合が大きくなり、サロンが本業とは言えなくなっていました。そんな状態が10カ月続き、心も体も疲弊していました。

After

5つ以上あったメニューを一本化して専門サロンに転換。お客様が何に悩んで何を解決したくてどうなりたいかを徹底的に考えて、ターゲットを絞り、そのお客様一人に向けた文章を毎日発信するようにしました。その他、ブログの導線やビフォーアフターの写真なども整備し、ひろみ先生から学んだ売れるクロージング・カウンセリングトークを完璧に実践してから、広告費0円で予約数が6倍に増えました。

割引目当てでリピートにつながらないお客様ばかりだった状況が、今ではブログを読み込んで最初から「通いたい」と来てくれるお客様ばかりに変わりました。無理に売り込む必要がないため、クロージングのプレッシャーから解放されて、毎日のサロンワークが楽しく、充実しています。中には、初回来店時からコースチケットの費用を準備してくる方もいるほどで、ポイントカードや割引をしなくてもリピートされるようになりました。

専門性を定めたことでお客様にプロとして自信を持ってアドバイスできるようになり、カウンセリングではお客様の状況を細かく想像しながら話を聞けるようになりました。お客様との関係性が深くなり、手作りのお菓子やお土産などの贈り物をいただくことも多くあります。現在、リピート率がほぼ100%になり、お客様から「今日が待ち遠しかった」「楽しみだった」「早く次も受けたい」など、数々の嬉しい言葉をいただいています。

以前は、集客できない自信のなさから、価格を他店と同じかそれより安く設定していましたが、今では当初の2倍のメニュー料金で集客につながり、高額コースも、今では10万円コースがリピートされるようになっています。

売上金額、リピート率、客単価のデータを取るようになり、売上計画を4パターン用意することが習慣化しました。それにより、具体的に数字を生み出せるようになりました。

以前はイメージや期待など抽象的な予測しかできておらず、ギャンブル型の経営でした。サロン経営だけではなく、女性としての生き方を教わったことも大きなプラスになりました。仕事もプライベートも、両面存在して初めて満たされるのだと気付きました。

Coach's Eye

尾藤さんは素直さと行動量が強みです。その量は目を見張るものがありました。写真や文章の精度を上げる努力も惜しみません。「結果が出るまで行動し続ける」を体現された芯の強さと、ポジティブで明るい人柄によってリピート率の高いサロンを経営しています。（岩山ひろみ）

4

３人の育児とトリプルワーク、周囲に何もない立地で月商２３０万円に

ダイエット専門サロン：岡崎由果さん（千葉県千葉市）

悪条件ポイント

- ３人の育児（乳児含む）
- ３つの仕事を掛け持ち
- 狭小１Ｋの賃貸マンション
- ひと気のない街

実績

- 月商：１万５０００円→２３０万円
- リピート率：０〜１０％→８６％
- 業界最大手の結婚相談所と提携
- 事業拡大のためターミナル駅へ移転

Before

以前、大手エステサロンでエリアマネージャーをしていたので、自分のサロンをオープンした時も「きっとうまくいく」と、根拠のない自信だけはありました。でも実際は違い、クロージングをかけても大手サロンのようにリピート

にはつながりませんでした。

そもそも、どうやって集客すればいいのかも分かっていなかったので、人気の個人サロンを参考にして、ブログやFacebook、Instagram、無料のホームページ、手作りのチラシでポスティングなど、あらゆることをやりました。また、自分のできるすべての技術を投入したメニューで、お客様に喜んでもらおうと考えていました。でも、いくらやってもお客様は来ず、日に日に自信をなくすばかり。当時は月商が1万5000円。お客様はたったの2名。トリプルワークで必死に家賃を支払っていました。サロンは駅から徒歩10分でしたが、駅前には時間をつぶすカフェなどもなく、オートロックの狭い1Kマンションの一室。自分が休憩する場所もなく、食事も立ったまま食べるという慌ただしい毎日に、気持ちが追い詰められていきました。

After

ひろみ先生から学び始めた翌月には月商が10万円、3カ月後には30万円、半年後には50万円を超えました。現在の最高月商は230万円。売上が上がるにつれて、売上の管理や数字の分析の楽しさに目覚めました。例えば、「この日にブログの閲覧数が上がったのはなぜか？　この写真を使ったからか？　次もこの写真を使おう」。このように分析と行動を積み重ねていった結果、その経験と実績が自信に変わっていきました。分析には時間がかかりますが、お客様が反応してくださるから楽しく感じます。

以前は、「こんなメニューならお客様は喜ぶはず」「私はこんな技術を提供できるから集客できるはず」「お客様は隠れ家サロンに来たがるはず」と考えていました。でもこれは、お客様のニーズではなく、私がしたいことが優先されていただけだったのです。

まず、サロンの専門性を高めるために「私は何ができるのか？　何屋さんなのか？　お客様にとってメリットは何か？」を絞り込み、お客様の立場になって深く考えました。どんな場所で悩みに気付き、何を解決したいと思うのか、お客様になり切って1日を過ごす想像をしながら、サロンのインテリアやメニュー名、制服、ブログに載せる写真など、すべてお客様に意識を向けて変えていきました。この頃から売上が上がり始めたのです。

業界最大手の結婚相談所と提携しセミナーを開催したり、スタッフ3名を雇用したり、事業拡大のためにターミナル駅へ移転したり、と可能性は広がるばかりです。現在はデザイナーズマンションをリフォームし、ベッドを2つ置けるサロンへ移転することができました。

月商が100万円を超えた時、家族を初めて北海道旅行に連れて行くことができて本当に嬉しかったです。今でも楽しい思い出ですし、大きな自信にもなっています。
「自分を信じること」「自分を自分以上に信じてくれる存在がいること」「欲を出すことは悪いことじゃない」「自分の機嫌を取ること」「わくわくする未来を持つこと」。ひろみ先生の言葉は、人生を大きく変え、私を奮い立たせてくれています。

Coach's Eye

岡崎さんは「コツコツ継続型」です。瞬発力のある人はいても、継続できる人はほんの一握りです。例えば、ウェブサイトの数字分析を毎日行い、そこから戦略を練り行動する。こうした積み重ねでしか築けない基盤があります。また、お客様の誕生日にはギフトを渡し、想いや感謝を伝えることも怠りません。このような努力によって、多くのファンを生み、リピート顧客に囲まれるサロンとなっています。

（岩山ひろみ）

5

未経験で自信がなく、趣味の延長から抜け出せない過疎地サロンで月商146万円

ダイエット専門サロン：笠井友里恵さん（千葉県勝浦市）

悪条件ポイント

- 過疎地
- サロン勤務経験なし
- お金をもらうことへの罪悪感
- 家族の反対

実績

- 月商：6万円程度→146万円
- リピート率：20%→98%

Before

サロン勤務の経験もない私が勢いで始めたサロン経営。「こんな過疎地でやってどうするの」と最初は家族も大反対でした。技術スクールでは集客について一切学ぶことができず、たまに集まるスクール卒業生のランチ会では、「お客様

が来ない」「どうしたらお客様が来るのか」と悩みを打ち明け合っているだけ。集客できない人たち同士でいくら相談し合っても、答えは見つかりませんでした。

当時、月商は6万円ほどで、10万円を超えたら飛び上がるほど喜んでいました。ですが、子どもが大きくなり習い事などでお金が必要になると、家賃と経費を払うと利益が出ないような趣味のサロンでは、生活ができなくなりました。毎日お金のことばかり考えて、胃が痛くて眠れない夜を過ごしていました。でも、お客様から大きな金額をいただくことにためらいのあった私は、お客様の顔色をうかがい、お客様と楽しく過ごすことばかり考えていたのです。

サロンのオープンから3年目、「これで売上が上がらなかったら閉店しよう」。そんな思いを胸にひろみ先生の下で学び始めました。

After

「売り上げる」という覚悟が足りなかった私は、結果が出るまでに時間がかかりました。100万円以上の売上を継続している仲間から刺激を受け、しだいに「趣味で終わりたくない」「負けたくない」「自分にもできる」という気持ちに変わっていき、経営者としての自覚を持てるようになりました。

私が最初の売上目標である30万円をクリアしたきっかけは、自分の強みを見つけたことでした。一人では永遠に見つけられなかったと思います。当初は、お客様を癒してあげたい、お客様もそういう気持ちで来てくれたらいいな、となんとなく思っていた私に、ひろみ先生は「目的を持って通っていただくことが大切」だと教えてくれました。

お客様が通う目的を見つけるために、自分の強みを生かし専門性を絞ったことで、月商6万円だったサロンが、35万円になり、その翌月には60万円となりました。そして遂に146万円を達成することができました。

今では、お金はお客様の目的を叶えるためにいただく対価だという意識へと変わり、お金をいただくことへの罪悪感はなくなりました。プロとして、お客様にとってベストな提案をできるようになり、経営者として売り上げる覚悟も生まれました。もし、あのまま一人でやっていたならば、きっと今でもキャンペーン三昧の赤字サロンだったと思います。

ひろみ先生からは、母として、経営者として、どのように生きるのかといった働く女性像を学ぶこともできました。以前は売り上げていない負い目もあり、家事も子育てもすべて自分さえ我慢すればいいと一人で頑張ってしまい、ギスギスしたオーラを出していたと思います。でも今は、家族それぞれが役割分担をすればいい、辛い時は家族を頼ってもいいと考えられるようになり、気持ちに余裕ができました。
また、経済的にも余裕が持てて人に優しくできるようになり、子どもに対しても習い事や進学など、やりたいことを応援できるようにもなりました。今では私の仕事を夫も子どもも応援してくれ、積極的に家事を手伝ってくれます。サロン経営だけではなく、家庭内の空気も良くなって、毎日が幸せだと感じられています。

Coach's Eye

笠井さんはお客様が「会いたい！」と思う人柄と、自身の可能性と実力に対する信頼の厚さが特筆すべきところです。自信を持って対応する姿はお客様を勇気づけます。だからこそ、片道2時間かけても定期的に通うお客様が多数いるのです。リピート顧客が多く、現在も売上も伸ばし続けています。（岩山ひろみ）

6

18種の激安メニューを揃えても集客できない自宅和室サロンで月商250万円に

ニキビ・ニキビ跡専門サロン：天間綾子さん（青森県十和田市）

悪条件ポイント

- 最寄りのバス停まで車で15分
- 地方の住宅地
- 一軒家の自宅和室
- 大手サロンのマインド
- 東北の中でも集客が難しい土地

実績

- 月商：4万6000円→250万円
- リピート率：ほぼゼロ→80%

Before

自宅サロンを開業する前は、大手サロンに12年間勤め、東北エリアで賞をもらうほど実績を出していました。その経験と技術をもとに開業したのですが、当初の月商は4万6000円。お客様はガラガラ。大手でのやり方はまったく通用しませんでした。

何とかしなければと思い、毎日ブログを書きました。手作りのチラシ、すぐに貯まるポイントカード、ホームページなど、お金をかけずに、子どもを寝かしつけてからも毎日、何時間もかけて作っていました。集客のため、イベントやボランティアにも参加しました。

お客様の要望に応えようとメニューを増やしていたら、気がつくと18種に。料金は「頑張るママを応援したい」という思いから、フェイシャルマッサージ60分4000円、一番高いコースで全身マッサージ120分8000円という相場より6割以上も安く設定していました。さらには、次の予約を取ってほしくて、ポイントカードが貯まると値引きも実施していました。いつも祈るように予約を促し、嫌な顔をされるのが怖くて化粧品を勧めることもできませんでした。

何が足りないのか、どうして売上が上がらないのか。ビジネス書を買い、無料のコンサルティング資料をダウンロードし、自分でやれることはすべて試しました。それでも売上は上がらず、自分の技術にさえ自信が持てなくなっていました。

After

セミナーや本などで勉強して実践してみたけれど、「もう自分一人では限界だ」と行き詰まっていた時にひろみ先生と出会いました。これまでの知識をすべて捨てて必死に一からやり直しました。先生から一番に指摘された問題点は、ブログの至る所に「自宅でやっている」と書いていたことでした。私としては、自宅の一室、しかも和室という引け目から「安い料金の自宅サロン」を前面に出してしまっていたのです。でも、「自宅サロンだと書いて楽になっているのは自分。言い訳だ」と指摘を受け、インテリアなどに工夫をこらし、ブログでの見せ方を変えていきました。

次に、18種あったメニューは専門性を定めて1つに絞り、ウェブ発信の方向性をガラリと変えました。大手サロンではマルチにやるのが当たり前だったので、最初は1つに絞る必要性が分かりませんでしたが、その結果、客層がガラッと変わりました。

「私に任せてください」。プロとして自信を持って言えるようになってから、売上がどんどん上がるようになりました。ウェブ発信の方向性を変えたことで、最初から継続を考えて来るお客様が増えたので、気持ちもすごく楽になったのです。今では8割のお客様は帰り際に2、3カ月先まで予約を取っていくようになり、サロンを始めた頃は4万6000円だった売上が250万円になりました。もちろん、ポイントカードはもう必要ありません。

学び始めてから1年半後、念願だった自宅兼サロンを建てられ、十分な仕事スペースも確保することができました。売上も安定し、先々が不安になることももうありません。自分にこんな未来が待っていたなんて、あの頃は予想もできませんでした。「頑張ればいつかは努力が報われる」と思っていましたが、経営はそんなに甘くなかったのです。あのまま一人で頑張っていたら、きっとサロンを閉めていたと思います。

Coach's Eye

キャリアがある人は自己流になりやすいですが、天間さんは違いました。それは、良いと聞いたものを取り入れる行動力と「予約が入った時・入らない時」のデータ分析を徹底しているからです。東北エリアの個人サロンは冬季集客に苦戦すると聞きますが、裏打ちされたブレない土台のおかげで、12月に月商200万円を達成しました。その後も順調に売上を伸ばしています。バイタリティーと目標に向かう気概があれば、立地に関係なく売上が上がるという良い見本です。（岩山ひろみ）

Chapter 6

7

社会保険料が払えない生活の自宅サロンで年商1000万円、リピート率9割に

ニキビ跡専門サロン：川延美紀さん（神奈川県横浜市）

悪条件ポイント

社会保険料が払えない

お金に対する罪悪感

既存顧客に頼っていた

実績

- 月商：19万円→230万円
- リピート率：55％→90％以上
- スタッフを雇用し、2ベッドを稼働できる駅前へ移転

Before

勤めていたサロンを辞めて、自宅でサロンを始めました。勤務サロン時代のお客様が定期的に来てくれましたが、新しいお客様を集めることができず、個人サロンオーナーの先輩から話を聞いて、見様見真似でブログを書き始めまし

た。SNSにはほとんど取り組んでいませんでした。リラクゼーションや癒しといった、自分の売りたいメニューを提供していましたが、思ったように結果が出ず、気持ちばかりが焦り、不安に押しつぶされそうでした。

お金をいただくことに罪悪感があったため、雨の日割引をしたり、必要以上にお客様にへり下ってしまったりしていました。プロとして断言することが怖くて、つい「～だと思います」など、あいまいな言葉ばかり使っていました。売上は上がらず、経済的にも苦しくなっていき、国民健康保険や国民年金といった社会保険料の支払いもできなくなったので、減免措置を受けました。そんな時に縁あって、ひろみ先生の下で学ぶことになったのです。

After

3年が経ち、年商は初年度から5倍にアップして1000万円の大台に乗り、駅前に出店することができました。もちろん、社会保険料もきちんと支払えるようになりました。お客様の悩みをヒアリングし、提案力を高めたことで、新規のお客様が来店後に次回の予約をとる割合（クロージング率）が100％に達成し、翌月来店する割合（リピート率）も90％と高くなりました。1人では手が回らず、土日の予約をすべてストップし、平日も一部予約をストップする日を設けるほどの忙しさでした。そのため、ＳＮＳでの発信を控えてしまった時期もありました。

時間は有限。そう意識してから、どんなことでも目的を持って時間を無駄にしないように心がけています。人と会う時には、リサーチをする。普段どんなことに興味を持っているのか、ＳＮＳをどのように使っているのか聞くようになりました。

飲食店や美容院に行く時は、接客や店舗運営について学びます。どんなタイミングでどんな言葉をかけるのかなどを細かく観察し、メニュー表から店内のレイアウト、備品までお客様目線で見るようになりました。取り組む課題がいつも山積みで、思いどおりに行かず焦りも感じますが、課題を１つひとつクリアしていけば、成長していけるという実感を持ててからは、目の前の課題に感謝するようになりました。

専門性を定め、コース販売をするようになり、短期間で結果が出るよう取り組んだことで、お客様と自信を持って向き合えるようになりました。自信が出てきたことで、あいまいな言葉遣いは消え、お金をいただく罪悪感もなくなり、自分を卑下しなくなりました。

今では自分のことを「悩みを解決するために、プロとしてサポートする係」だと考えられるようになり、お客様からは先生と呼ばれることも増えてきて、売上も上がっています。

ひろみ先生の下で最初に立てた目標はとても高く、無謀にも思えましたが、今では未来が近づいていると感じます。頑張る方向が間違っていたら結果は出ません。なぜそう思うのか、お客様だったらどう思うのかを常に考えながら取り組む大切さを教わりました。経営とは、ワクワクする未来から逆算して考え、常に未来を見据えること。これからも自分の未来にワクワクしながら学びを続けて行きたいです。

Coach's Eye

川延さんはブレない軸がある人です。上手くいかないと、すぐにやり方のせいにして諦めてしまう方もいますが「やり切る姿勢」がずば抜けています。集客もカウンセリングも結果が伴わない場合は変化させ、その反応に注目する。その積み重ねで200万円という売上を達成しました。出会った頃から軸は変わっていません、ただ諦めない強さがそこにあります。(岩山ひろみ)

Chapter 6

Check This!

パートナーの理解は女優作戦で乗り切る

自分のやりたいことを理解してもらえなくて「なんで分かってくれないのよ！　分かってよ！」と感情的になってしまった経験はありませんか？

そんな時は、ゆっくりと話し合う時間を作ります。相手が嫌だと思っている理由を聞いて、「そうだよね、分かる。私があなたの立場なら同じように思う」と伝えてみましょう。反対されると、つい「でも！　だって！」と反論したくなりますが、それはいったん置いて「私があなたの立場なら同じように思う」と態度で示すと、次第にパートナーも冷静にこちらの話を聞いてくれるようになります。

自分の意見を通したい時ほど、まずは相手の意見を受け取ってみる。受け取るだけならできるはず。それを受け入れるかどうかは受け取ってから考えればいいだけなのです。パートナーに理解されなくて悩んでいるなら、「私は女優、これは実験」そう思って試してみてくださいね。

おわりに

本書で伝えていることは、サロン経営について生徒さんに教えている基礎の部分です。

冒頭でお伝えしたとおり、私はサロン勤務経験もなく、駅から徒歩25分、築30年以上、エレベーターのない自宅団地の5階で突然サロンを始めました。

当然、最初からうまくいくはずもなく、月商100万円、年商1000万円を売り上げ続けるまでにはたくさんの試行錯誤を繰り返しました。その中で、すぐに行動できること、団地に住んでいてもできたことをまとめています。

サロン経営は一朝一夕で好転するものではありません。ドカンと一瞬でうまくいく方法はなく、地味で小さな作業の積み重ねです。基礎を疎かにしてテクニカルな応用をしようとしてもうまくはいきません。これがサロン経営にとってうまくいくルールなのです。

だからこそ、先延ばしにしている時間はありません。本書を手に取ったあなたにも、すぐに動いてほしいと思っています。

何事も未経験の世界に飛び込むのは怖いもの。当時の私も、得体の知れない怖さを感じていました。やったことのないウェブへの億劫さと失敗するかもしれないことへの恐怖を感じていたのです。そんな私を救ってくれたのは夫のこんな一言でした。

「やってみてダメだったら今の場所に戻ればいいじゃない」

戻ればいい、この言葉は当時の私の背中を押してくれ、がむしゃらに走ることができました。その後、他に2店舗を持つことができ、スタッフたちに恵まれ、サロン経営だけでなく貸し会議室やスクール事業、ネットショップ事業もできたのは、やらないで後悔するより、やってみて経験する楽しさを知ったからです。トライ&エラーという言葉がありますが、トライしなければエラーも起きない代わりに、そこから学び成長することもできません。失敗を怖れずトライ&エラーを繰り返すことができたからこそ、今の私があります。

今なら確信を持って言えます。「うまくいかなかったとしても、それは失敗なんかじゃない」と。行動した結果、うまくいかないことはあって当然で、そこから課題を見つけ次の行動につなげるからこそ成長があり、未来が開けます。むしろ、これを経験しなければ変化も成長もありません。大きな成功を手にしている人は、必ず多くの失敗を経験しています。

以前の私と同じく、失敗を怖がる人は多いですが、失敗することよりも、何も変わらないことを怖がったほうが良いかもしれません。一見安全そうに見える「今」は、その場に居続けることであって、停滞は決して安全ではないのです。

お客様を癒したい、綺麗にしたいと思い始めたサロンがうまくいかないと、何のためにサロンをやっているのだろうと悩むこともあるかと思います。けれど、本当にサロンって面白くて、楽しいものです。自分を試すことができて、成長を感じられる。自分で動かしているという面白さもある。ダイレクトにお客様の感謝が伝わってくる。そんなサロンの醍醐味を味わうには、今、夢中になって行動するしかありません。

あなたは今、夢中になれていますか？

私がサロン経営を通して伝えたいことは、「自立する自由」です。

自分が発信した言葉や写真にお客様が反応し、求められ、喜ばれ、感謝され、売上が上がれば、おのずと自信がつきますし、同時に経済的な自立ができます。経済的な自立ができると精神的な自立も付いてきます。自立したあなたの目に映る世界は、今よりもずっと自由が溢れています。

よく、願えば叶うと言いますが、残念ながら願うばかりでは叶いません。思って、考えて、動くから叶う。やるなら、脇目も振らずにやる。それくらいの意気込みを持ってください。その先にある未来には、想像もつかないほどの選択肢と自由が待っているのです。そんな未来にあなたも辿り着いてほしいと思います。

本書の中には、苦しい状況から奮起して未来を手にした生徒さんたちの声も掲載しています。私や彼女達の言葉にあなたが勇気を感じてもらえたならば、これほど嬉しいことはありません。

最後に。編集を担当してくださった合同フォレストの山崎絵里子さん、出版のきっかけを作ってくださった出版コンサルタントの渡邉理香さん。そして、この本を心待ちにしてくれている生徒さんたち。皆さんのおかげで、出版が実現しました。感謝を込めて、心よりお礼申し上げます。

本当にありがとうございました。

２０２１年２月

岩山　ひろみ

岩山《いわやま》ひろみ

アトラパス株式会社代表取締役
サロン経営コンサルタント
サロン専門のビジネススクール「マスターサロン経営塾」主宰

2009年、理想の働き方である「子どもを家で出迎える」「人に雇われない」「目に見える形で人の役に立つ」「健康に関わる」を実現するために起業を決意。築30年以上、駅から25分、5階でエレベーターなしの団地でサロンを開業する。

当初は月商7000円の大赤字だったものの、ウェブとリアルのマーケティング施策を徹底することで1日8人の来店、予約半年待ちの繁盛店になる。その後、規模を拡大し横浜に出店。7名を雇用するサロンオーナーへと転身する。

一方で、自身の経験を体系化した「悪条件でも売上をアップさせるメソッド」を確立。

2016年には、個人サロンオーナーにすべてを継承するための「マスターサロン経営塾」をスタート。日本全国および海外から受講される人気スクールとなり、多くの生徒が次々と実績を上げる。

個人サロンの成功請負人として、コンサルティングにおいても予約待ちの圧倒的支持を受けている。

アトラパス株式会社

企画協力　渡邉　理香
編集協力　奥　多加子
組　　版　吉良　久美
装　　幀　吉良　久美
校　　正　菊池　朋子
イラスト　ソウノ　ナホ

悪条件サロンでも年商1000万円を実現する
経営のルール

2021年 3月17日　第1刷発行
2024年10月18日　第4刷発行

著　者　岩山　ひろみ
発行者　松本　威
発　行　合同フォレスト株式会社
郵便番号 184-0001
東京都小金井市関野町 1-6-10
電話 042(401)2939　FAX 042(401)2931
振替 00170-4-324578
ホームページ　https://www.godo-forest.co.jp
発　売　合同出版株式会社
郵便番号 184-0001
東京都小金井市関野町 1-6-10
電話 042(401)2930　FAX 042(401)2931
印刷・製本　株式会社シナノ

■落丁・乱丁の際はお取り換えいたします。

ISBN 978-4-7726-6174-4　NDC 673　188×130